Cómo amar a Dios y a los gays

¿Qué debe hacer un cristiano?

Eric Elder

Traducido por Eduardo Nieto

Cómo amar a Dios y a los gays.
Copyright © 2018 Eric Elder.
Todos los derechos reservados.
Traducido por Eduardo Nieto, TM Translate,
www.tmtranslate.com.
Arte de la portada creado por Kaleo Elder.
Editado por Jeanette Smith (Inglés),
Nancy Clark y Cherry Schwulst (Español).
Fotografía del autor tomada por
Hayley Breanne Photography.

*Agradecimientos especiales a: Mike Baker, Bridgette Booth,
Shelly Busby, Nancy Clark, Bruce Felkins, Matt Fogle,
Nicki Green, Michele Larsen, Al Lowry, Joan Moody,
Jessica Pastirik, Greg Potzer, Jim Probst, Sue Roberts,
Kent Sanders, Cherry Schwulst, Kim Smith, Jason Sniff,
Tim Wilkins, y a mi preciosa familia.*
Cómo amar a Dios y a los gays hace parte de una serie de
recursos inspiradores producidos por Eric Elder
Ministries. Para mayor información, por favor visite:
WWW.INSPIRINGBOOKS.COM

ISBN 978-1-931760-84-3

Índice

Nota especial:

Respecto a las guías de estudio

Este libro contiene una guía de estudio en cada capítulo, la cual es para reflexión personal o estudio bíblico.

Estas guías están intercaladas a lo largo del libro después de cada dos capítulos para mayor comodidad de quienes quieran estudiar dos capítulos por semana durante seis semanas (con una séptima semana opcional para la Conclusión y el Epílogo).

Para conocer más acerca de las guías de estudio y cómo usarlas, además de aquellas personas que a mi parecer se beneficiarán *más* de este libro, ¡por favor mira la página 21!

Capítulo 1:

Mi testimonio en pocas palabras

———— ❖ ————

Donde compartiré mi testimonio en menos de 150 palabras, incluyendo unas para animarte a leer este libro hasta el final.

———— ❖ ————

Llegué a la homosexualidad en el verano de 1982. Salí de la misma en el otoño de 1984, gracias en gran medida a una amiga que luego llegó a ser mi esposa.

En el verano de 1987 Dios puso fin a todo el poder que la homosexualidad tenía sobre mi vida, de una vez por todas, cuando puse mi fe en Cristo para todo.

Desde entonces, me casé, tuve seis hijos, y disfruté una sexualidad fuera de serie con una mujer que superaba todo lo que podría haber soñado.

Han pasado 30 años desde que salí de la homosexualidad. Nunca volví, y no planeo hacerlo. En este libro comparto por qué.

A lo largo del recorrido, compartiré algunas ideas de cómo acompañar a otros en lo que puede ser el viaje más importante de sus vidas, y cómo hacerlo de una manera verdaderamente amorosa.

Eric Elder

Capítulo 2:

Mi testimonio en una
cáscara de huevo

———— ❖ ————

Donde comparto que hablar de
homosexualidad es como caminar sobre
huevos, para mí y para muchos otros.
Quizás para ti también.

———— ❖ ————

No suelo comenzar mis conversaciones hablando de
homosexualidad. (Tampoco suelo iniciar así mis libros). Pero parece
que en la actualidad son más y más las conversaciones que tarde o
temprano terminan abordando este tema. Y en sí no es algo malo.
Para mí, como alguien que ha tratado con las atracciones
homosexuales por gran parte de su vida, en realidad es algo bueno. El
hecho de que hayas tomado un libro como este, me dice que este tema
te interesa. Me dice que estás tratando de entenderlo más, para así
poder amar más a quienes te rodean, a personas que, quizás por años,
han estado luchando con estos sentimientos en silencio.

También debo admitir que cuando surge este tema, todavía me hace
sentir un poco nervioso. No por lo que sé o no sé acerca del mismo, ni
por lo que creo o no creo, sino por lo que puede suceder si digo *algo*
que se incline hacia un lado u otro. Es uno de esos asuntos delicados
que pueden lanzar a órbita a cualquiera con tan solo una palabra o
incluso una mirada, así sea sensible o con buenas intenciones.

Incluso, mientras escribía este libro, después de enviar un primer
borrador a varios amigos, a una de ellas le gustó todo hasta que llegó al
Capítulo 12. Cuando leyó una de mis sugerencias en cuanto a cómo
amar mejor a los homosexuales, me envió una nota diciendo: "lo siento,

pero estoy *sinceramente en desacuerdo* contigo en este punto. No puedo seguir leyendo tu libro. Hasta aquí llego. Te deseo lo mejor".

Quedé impactado, ¡puesto que era una de mis mejores amigas y de ideas afines! La llamé de inmediato para hablar sobre el tema.

Tras muchas horas de conversación, durante varios días, ella seguía sin ceder. Aunque cambié las palabras y el tono, me mantuve fiel a mi idea original. Ella lo volvió a leer y de nuevo escribió diciendo: "lo siento, Eric. En realidad lo intenté. No puedo seguir con tu libro. Sencillamente no puedo. Todavía me incomoda, y no puedo recomendarlo. De nuevo, lo siento".

No podía hacer nada más, solo orar. Y así hice.

Esa noche ella me volvió a llamar. "Eric", dijo. "Creo que debo tomar en serio lo que dices en ese capítulo. Creo que contiene una verdad que Dios quiere que vea".

Gracias a Dios, la situación se resolvió por completo cuando ella leyó la última edición pocas semanas después, la cual contenía los mismos pensamientos y creencias, pero con una redacción más fresca y mayor agudeza. Ella escribió: "Eric, no pude esperar. Salté directo al Capítulo 12. Y estoy llorando. Lloro de gozo. Es genial. Simplemente genial. La redacción es perfecta".

Mi punto es que, si este tipo de conversaciones se dan entre amigos cercanos y creyentes con mentalidades similares, no es de extrañar que este tema genere tanta tensión entre extraños y quienes *no* comparten las mismas ideas.

Sin embargo, en el otro extremo del espectro hay cristianos que no tienen sentimientos fuertes de ninguna índole respecto a este asunto. Sencillamente no saben qué pensar.

Cuando le conté a una amiga sobre mi pasado en la homosexualidad, ella me expresó el dilema que ella y muchos otros cristianos enfrentan;

"Tengo muchos amigos gays", dijo. "Veo que son amorosos, generosos y amables. Para los cristianos, saber cómo comportarse en torno a los homosexuales es algo similar a una adivinanza, ¿no crees?"

Ella tiene razón. *Es* una adivinanza, un acertijo que deben descifrar, y un rompecabezas que por muchos años he tratado de resolver. Mi anhelo al escribir este libro es compartir contigo algunas de las soluciones que he encontrado para ayudarte a dar el salto y acercarte más para que tú mismo puedas resolver el enigma.

MANÉJALO CON CUIDADO

Si bien la homosexualidad es un tema sensible, eso no quiere decir que no podemos hablar del mismo de manera sensible, de tal forma que de verdad traiga vida, esperanza y ánimo a quienes nos rodean.

Doy gracias porque alguien tomó el tiempo para escribir lo que Dios dijo acerca de este tema, aunque las palabras hayan sido escritas hace aproximadamente 2,000 años y a más de 5,000 millas de distancia de donde vivo. Esas pocas palabras, tan solo unos pocos párrafos, en realidad, las escribió un hombre llamado Pablo para los cristianos de Roma.

Cuando las leí hace *30* años, esas palabras cambiaron mi vida para bien y para siempre, tanto en esta tierra como para la eternidad. En el Capítulo 6 compartiré más acerca de lo que Pablo dijo y cómo me impactó. Ahora quiero que sepas que tus palabras también son importantes, al igual que tus acciones.

Quiero felicitarte por escoger este libro, por aprender todo lo que puedes aprender, y por querer hacer algo para ayudar a otros en esta área tan importante. Nunca sabes cómo una palabra, una mirada, o un acto considerado de amor puede cambiar la vida de alguien, incluso la tuya. (Por ejemplo, la amiga que más me ayudó, llegó a ser mi esposa. ¡Tus resultados pueden variar!)

He compartido mi historia con muchos durante los últimos 30 años, con cientos de personas en conversaciones cara a cara, y miles más en conferencias y por internet. Sin embargo, siempre que hablo de homosexualidad, ¡siempre!, lo hago con mucho temor.

Antes me daba miedo compartir mi testimonio por las personas que *odiaban* a los gays. Temía lo que pensaran de mí, o su trato hacia mí por saber lo que había hecho en el pasado. (Si la Rana René pensaba que no era fácil ser verde, me pregunto cómo se sentiría si la gente pensaba que yo era gay).

Pero las cosas han cambiado tan dramáticamente en los últimos años, y *todavía* siento miedo cada vez que comparto mi testimonio. ¡La diferencia ahora es que tengo miedo de las personas que *aman* a los gays! Temo lo que puedan pensar de mí, o cómo sea su trato hacia mí por saber lo que he compartido. Temo que puedan pensar, de manera errada, que debido a lo que comparto, en cierto sentido odio a los homosexuales. ¡La verdad es que ahora amo a los gays más que cuando yo mismo lo era! La diferencia es que ahora puedo amarlos *de verdad*, no por lo que puedo obtener de ellos, sino por lo que son en realidad.

A pesar de mis temores, he aprendido que siempre que comparto mi testimonio, las personas reaccionan con gozo genuino. Mi historia parece aumentar la fe que los demás tienen en que Dios todo lo puede, literalmente todo.

Muchos entienden que, si Dios pudo tocar mi vida de manera tan profunda, entonces puede hacer cualquier cosa por quienes están viviendo algo en lo que ellos no quieren que estén.

Aunque siempre tengo temor de compartir mi testimonio, la razón por la cual *sigo* haciéndolo es porque trae esperanza a muchos. En realidad, el negocio de Dios consiste en transformar vidas. Esa es una de Sus especialidades.

Además del cambio que a lo largo de los años ha habido con respecto a por qué me da miedo compartir mi testimonio, también he notado un cambio en los conocimientos que muchos tienen hoy en día acerca de este tema, además que quieren conocer *aún* más.

LAS DIFERENCIAS SUTILES ABUNDAN

En la actualidad, la conversación acerca de la homosexualidad tiene muchas más sutilezas que antes.

Hace unos años, cuando publiqué un libro que hablaba de mi testimonio, no en pocas palabras, sino en un libro de 67,000 palabras, donde explicaba con detalle cómo Dios cambió mis pensamientos y deseos en esa área, la respuesta fue fenomenal. ¡Los comentarios y preguntas que recibí de quienes leyeron las primeras 100 copias de ese libro superaron el conteo de palabras del libro mismo!

Lo que a mi parecer sería un libro que satisfaría los deseos de más conocimiento de los lectores, resultó ser un libro que dio lugar a más preguntas y conversaciones. Las personas están hambrientas por saber más acerca de este tema.

Lo que me gusta acerca de este deseo es que es evidente que la gente de verdad quiere entender este asunto lo mejor posible. De verdad quieren ayudar lo mejor posible a sus amigos y familiares. Como has leído hasta este punto, asumo que tú también te encuentras en esta categoría.

Lo difícil en cuanto a este deseo es que cada vez más, las preguntas que muchos hacen están cargadas de sutilezas. Es mucho más difícil dar respuestas "simples" a preguntas "simples". Las preguntas *detrás* de las preguntas parecen interminables.

Hay momentos en los que me siento como uno de los ciegos que Jesús sanó, según el relato bíblico. Su testimonio en pocas palabras es algo así: "Yo era ciego, pero ahora veo".

Algunos saltaron llenos de gozo cuando escucharon el relato de aquel hombre, aceptando con gran entusiasmo lo que él decía.

Otros, sin embargo, querían saber más. Sus preguntas y comentarios también tenían más sutilezas. Es como si quisieran saber "¿exactamente, qué tan ciego eras? ¿Y cuánto puedes ver ahora?" No era suficiente que solo *dijera* que había sido cambiado. Los demás querían saber, en detalle y con precisión, lo que implicaba dicho cambio.

Algunos se preguntaban si en realidad había sido ciego antes. Se preguntaban si era el hombre que afirmaba ser, o solo otra persona que se parecía a él. Sin embargo, otros querían demostrar que estaba equivocado, sin importar lo que dijera, ya fuera rechazándolo a él por completo o a la persona a quien se le había dado el crédito de su sanidad.

Ante todo esto, él solo respondió: "Una cosa sé; que habiendo yo sido ciego, ahora veo" (Juan 9:25b).

Para mí está bien que me hagan preguntas. No me molesta responderlas.

Cuando me pregunta qué tan "ciego" estaba antes, lo que en mi caso significa "¿qué tan fuerte fue tu atracción hacia los hombres en el pasado?" No me molesta decirles que era muy fuerte. Creo que es importante que los demás lo escuchen.

Cuando me preguntan si podía "ver" todo eso antes, lo que en mi caso significa: "¿en el pasado te sentiste atraído hacia las mujeres?" No tengo problema en decir que sí sentía esa atracción, pero que nunca tuve intimidad sexual con una mujer hasta que conocí a la mujer con quien me casé.

Cuando me preguntan cuánto puedo "ver" ahora, no me afecta responder que por 23 años tuve una vida sexual fuera de serie con mi esposa, hasta que la perdí en el año 2012, cuando murió de cáncer.

Y cuando me preguntan si he cambiado por completo, si ya no tengo *ninguna* atracción hacia los hombres, no tengo problema en responder que todavía tengo pensamientos y deseos ocasionales en esa dirección, pero que el poder que esos pensamientos y deseos tuvieron una vez sobre mi vida ahora ha sido destruido. Cualquier pensamiento gay que pueda tener, ya no me controla a mí ni a mis acciones, como antes.

Las personas *quieren* saber estas cosas, y no me molesta responder a sus preguntas, incluso si sus motivaciones son, quizás, para encontrar errores en lo que sea que yo esté diciendo. Como David Swift lo escribió en su guión para la película *Pollyanna:* "Si buscas el mal en alguien, esperando encontrarlo, sin duda lo encontrarás".

Si alguien buscara algún error en mí o en mi historia, para poder señalarlo como una prueba que respalda su posición, sin importar cuál sea, entonces, estoy seguro de que lo encontrará. Pero si alguien hace una pregunta, no me molesta responderla, porque creo que es importante tener todas las cartas sobre la mesa.

Todavía me asombro cada vez que escucho una decisión dividida en la Corte Suprema de los Estados Unidos. Me asombra porque la corte está compuesta por nueve de las personas más inteligentes de nuestro país, quienes miran exactamente el mismo conjunto de factores, sin embargo, los jueces suelen llegar a conclusiones opuestas. El voto final suele ser 5 a 4 o 4 a 5 en cualquier caso.

¿Por qué? Los hechos en sí no son los que conducen a estas conclusiones diferentes, sino lo que las personas vinculan a esos hechos, lo que han aprendido y que es ajeno a ellos, o lo que procuran lograr cuando interpretan esos hechos.

PUNTOS CIEGOS

No culpo a los demás por tener opiniones diferentes sobre lo que puedan o no puedan ver en mi historia. En el mercado de las ideas, creo que la mía se mantendrá tan fuerte como, o más fuerte que, cualquier otra. Y, al igual que el hombre ciego que Jesús sanó, sé que Dios así lo ha hecho conmigo. Como el ciego, lo único que *sí* sé es esto: "¡Yo era ciego, pero ahora veo!".

Así que, no me molesta si alguien está leyendo este libro, en busca de razones para discutir lo que estoy diciendo. Pero espero que no sean como el hombre de un relato de ficción quien pensó que estaba muerto y fue al psiquiatra para confirmar lo que creía, que de verdad estaba muerto.

Después de decirle a su psiquiatra que pensaba que estaba muerto, éste le preguntó: "¿los hombres muertos sangran?"

El hombre pensó en la pregunta del psiquiatra y, al ver que cuando un hombre muere, su corazón deja de latir y su sangre deja de fluir, respondió: "no, los hombres muertos no sangran".

Así que el psiquiatra le pidió que tomara un alfiler y pinchara su dedo para ver si sangraba o no. Así que el hombre lo hizo, y comenzó a sangrar en su dedo. A lo cual el hombre exclamó: "¿sabe qué? ¡Los hombres muertos *sí* sangran!"

Muchos están convencidos de sus opiniones, y no tienen en cuenta las evidencias que demuestran lo contrario. Si ese eres tú, entonces dudo que haya algo que pueda hacer que te convenza de lo contrario.

Pero si eres como yo cuando estaba ahondando en este tema para encontrar lo que Dios pensaba, sentía y quería para mí en esta área de mi vida, estando dispuesto a aceptar lo que encontrará como la verdad, porque sabía que lo que fuera que *Dios* quisiera para mí era *mejor* que lo que yo pudiera desear, entonces este será un esfuerzo que bien vale la pena.

Todos tenemos puntos ciegos espirituales, incluso yo, y si no le pedimos a Dios que nos las revele por medio de su Espíritu Santo, sencillamente no podemos verlos por nuestros propios medios. Desde que puse mi fe en Cristo, le he estado pidiendo a Dios que me revele los míos, y siempre me han asombrado los resultados.

RECORRIENDO TODO EL CAMINO

Para quienes aman a los gays y quieren apoyarlos y animarlos lo que más pueden, permítanme decirles esto: "¡Gracias!" Nunca en mi vida ha habido más interés en este tema que ahora, ya sea en nuestro país o en todo el mundo. Desde el presidente hacia abajo, este tema sigue atrayendo la atención nacional e internacional.

Aunque hay quienes pueden sentirse incómodos con toda la atención que se está dando a este tema, personalmente agradezco mucho que tantas personas estén dispuestas a mirar, en la mayoría de casos por primera vez, las grandes presiones, luchas y dolores profundos que enfrentan las personas que sienten atracción hacia el mismo sexo.

En muchos sentidos quisiera haber visto tal afluencia de personas buscando entender este asunto 30 y 40 años atrás, cuando comencé a luchar con todas estas preguntas, aparentemente solo.

En nombre mío y de otros que han tenido sentimientos de atracción hacia los de su mismo sexo, de verdad quiero decir "gracias". Gracias por tu disposición a aprender, entender y tratar de ser lo más amoroso posible hacia las personas cuya realidad diaria es este tema.

También quiero animarte a *recorrer todo el camino en tu amor hacia los demás,* sin parar de inmediato cuando encuentres una o dos verdades sutiles. Quiero que sigas preguntando y buscando mayor entendimiento, de modo que puedas ofrecer algo de mucho más valor a tus seres queridos.

Hay un ciclo de vida natural que las personas siguen cuando aprenden sobre un tema que es nuevo para ellos. A veces las personas terminan su búsqueda muy pronto, tras encontrar *algunas* verdades, pero *nada cerca* de toda la verdad.

Este tema lo he explorado durante más de 30 años, y puedo hablar sobre mi propio ciclo de vida en el aprendizaje del mismo. Muchos de los pasos tomaron *años.*

Me tomó *años* pasar de temer a otros cuando me llamaban gay, a preguntarme qué era lo malo de ser gay, a aceptar a quienes estaban involucrados en ese tipo de vida, hasta terminar sumiéndome yo mismo en la homosexualidad. También me tomó *años* entender el impacto a largo plazo que tenían mis acciones, las cuales me estaban engañando, alejándome de la plenitud que *Dios* quería para mi vida (y lo que yo mismo quería para mi vida), y lo destructivo que era todo esto para mí y quienes me rodeaban.

Tardé años en darme cuenta que ser gay no era solo una de las muchas opciones en torno a mi sexualidad, ni tampoco la segunda mejor opción, sino que de verdad habría podido destruirme si hubiese seguido por ese camino.

No inicié en la homosexualidad de la noche a la mañana, y tampoco salí de la noche a la mañana, aunque mi decisión de dejarla por mi bien fue inmediata cuando puse mi fe en Cristo para todo en mi vida, incluyendo mi sexualidad. Fue ahí cuando me sentí como el salmista que escribió: "Por el camino de tus mandamientos correré, cuando ensanches mi corazón" (Salmo 119:32, RVR).

No sé en qué punto te encuentres del ciclo de aprendizaje de la vida acerca de este tema. Quizás hayas estado pensando y orando sobre este asunto por un tiempo, y quizás hayas llegado a algunas conclusiones.

Pero si esas conclusiones no encajan con lo que aprendes de la naturaleza, en la manera como Dios ha diseñado a las personas, las plantas y los animales para usar sus órganos sexuales; y si esas conclusiones no se ajustan con lo que conoces de la Biblia, en donde Dios nos ha dado las más fuertes advertencias respecto a esto y otros temas a fin de protegernos, entonces permíteme animarte a seguir preguntando, seguir en la búsqueda, y seguir llamando hasta que encuentres algo que *esté* de acuerdo con lo que ves en la naturaleza tal como Dios la ha diseñado y *esté* en línea con las palabras que lees en la Biblia, puesto que es la inspiración de Dios.

Mi anhelo para ti es que sigas buscando el mayor entendimiento y sabiduría que puedas en cuanto a este tema hasta que por ti mismo encuentres las respuestas de Dios, así te tardes años.

BALDE DE LÁGRIMAS

También entiendo muy bien que, aunque el relatar mi historia puede crear gran esperanza en algunos, también puede generar mucha angustia en otros, dependiendo de su pasado y a dónde quieren llegar.

Para quienes sea esperanzador, me siento agradecido y mi oración es que sí sea de ánimo en su recorrido. Para quienes sea hiriente, lo siento mucho.

Créanme cuando digo que puedo llenar baldes con las lágrimas que he derramado por quienes enfrentan estas luchas; lágrimas por quienes han sentido el peso de preguntarse por qué tienen las atracciones que sienten y por qué esas inclinaciones no han cambiando de la manera que esperaban; y lágrimas por quienes han luchado con este problema por años, pero que todavía no han visto realizados los avances significativos que tanto han deseado.

Pero también puedo decir que llenaría baldes con las lágrimas de gozo que he derramado al ver personas caminar hacia el altar con el hombre o la mujer de sus sueños y del sexo opuesto, gracias a la gran sanidad y restauración que Dios les ha dado en esta área de sus vidas; lágrimas de gozo con amigos al experimentar el nacimiento y el crecimiento de sus hijos que nunca habría venido a este mundo si hubiesen seguido el camino que estaban llevando; y lágrimas de gozo con personas que han encontrado a Cristo y han encontrado una comunidad dentro de sus iglesias, a veces por primera vez en sus vidas, donde encuentran satisfacción para sus más profundas necesidades de significado y conexión, así no hayan conocido aún, o nunca llegue a conocer, a una persona en particular con quien casarse.

Digo todo esto para afirmar que no escribo desde una posición ingenua en torno a las luchas reales que muchos enfrentan en esta área. Tampoco escribo desde una posición de juicio o condenación, pensando que si las personas tuvieran más fe o más sabiduría, o mejores perspectivas, o sentimientos diferentes, todo resultaría diferente para ellos.

Escribo desde una posición de haber visto a Dios hacer milagros en las vidas de otros, persona tras persona tras persona, a veces de maneras tan diferentes y únicas como cada persona, pero de maneras que, cuando se ha invitado a Dios a entrar, nos ha asombrado a todos los que hemos visto realizados esos milagros.

GRAN ESPERANZA

Hay una razón por la cual hablar de homosexualidad se siente como caminar sobre huevos. Es porque *es* como caminar sobre huevos. Pero vale la pena hacerlo porque las personas lo valen. Solo necesitamos hacer nuestro mejor esfuerzo para caminar con sensibilidad. Como el escritor llamado J. Masai ha dicho de las personas en general: "Por todas partes hay sentimientos, sé sensible". En cuanto al tema de la homosexualidad, esto es más cierto aún. La homosexualidad es un tema sensible que afecta a las personas en lo más profundo de su ser. Pero el hecho de que sea un tema sensible no quiere decir que no podemos abordarlo con sensibilidad para hablar al respecto.

Para mí, la mejor manera de hablar acerca de este tema es una que sugirió el Apóstol Pablo en una carta que escribió a los cristianos que vivían en Éfeso. Me gusta mucho como lo expresa la versión *Nueva Traducción Viviente* de la Biblia: "Hablaremos la verdad con amor y así creceremos en todo sentido hasta parecernos más y más a Cristo" (Efesios 4:15, NTV).

Dios *sí* quiere que crezcamos, que maduremos y que conozcamos toda la verdad. Luego quiere que digamos toda la verdad con amor, como Cristo en todo.

Adivino que esto es exactamente lo que también *estás* esperando con relación a este tema: ser maduro, conocer toda la verdad, y decirla en amor, como Cristo en todo.

Aunque puedes tener la sensación de caminar sobre huevos cuando hables a otros sobre este tema, la verdad es que Dios puede usar tus palabras, tu corazón y tus acciones para traer vida a quienes te rodean. Las personas pueden tardar en cambiar, pero no creas que nadie te está escuchando. No creas que no prestan atención a lo que estás diciendo. A veces solo necesitan meditar en lo que estás diciendo para poder llegar a sus conclusiones por sí solos.

La gente *te está* escuchando, *sí* les interesa lo que piensas. Y no importa lo que hagas o lo que digas, si buscas toda la verdad y la dices con amor, como Cristo en todo, entonces *sin duda* podrás ver milagros en las vidas de otros, para bien y para siempre, tanto aquí como en la eternidad.

Ten claro que hay GRAN ESPERANZA. Lo que tienes para ofrecer a otros es algo que necesitan desesperadamente: tu amor, tu interés, tus palabras, tu toque, tu amabilidad, tu comprensión; en resumen, la verdad de Dios envuelta en amor.

Guías de estudio para los capítulos 1 y 2

En este libro, después de cada dos capítulos quiero hacer una pausa y darte la oportunidad de reflexionar o hablar con otros respecto a lo que has leído.

Si estás leyendo este libro por tu cuenta, quizás sea bueno que tomes un lapicero o un lápiz para escribir lo que piensas. Si lo estás leyendo con un grupo, puedan usar estas guías de estudio para hablar sobre los capítulos a medida que avanzan.

Una de las razones por las cuales incluyo estos pensamientos adicionales para reflexión y discusión es porque he leído que Jesús hizo algo similar con los que fueron más cercanos a Él.

A Jesús le gustaba mucho relatar historias. De hecho, la Biblia dice: "Jesús empleó muchas historias e ilustraciones" (Marcos 4:33a, NTV). Pero a Jesús también le gustaba mucho extender esas historias con las personas más cercanas a él, como el mismo pasaje lo dice: "cuando estaba a solas con sus discípulos, les explicaba todo a ellos" (Marcos 4:34, NTV).

Mi anhelo con estas guías de estudio es hacer por ti lo que Jesús hizo con los más cercanos a Él, repasar todo, organizar los enredos y desatar los nudos, si los hay.

Para ese fin, cada guía de estudio incluye un *Resumen del Capítulo* y varias *Preguntas para Reflexión y Discusión*. He incluido una guía de estudio por *cada* capítulo, pero las he intercalado cada *dos* capítulos del libro para que sea más fácil para quienes quieren completar ese estudio en seis semanas, con una séptima semana opcional si quieren hablar sobre la Conclusión y el Epílogo de manera separada.

Para las discusiones de grupo ten libertad de elegir solo algunas preguntas de cada capítulo para conversar cada semana, a fin de dar suficiente tiempo para que todos hablen. Para ayudarte a decidir qué preguntas abordar, sugiero que primero uses las preguntas que incluyen referencias bíblicas.

Por favor ten presente que estas guías de estudio pueden ser la *parte más importante de todo el libro,* puesto que es ahí donde Dios puede hablarte con la mayor claridad respecto a cada tema que se está abordando.

Sin importar cómo lo hagas, ¡mi oración es que Dios hable!

EL PÚBLICO A QUIEN VA DIRIGIDO ESTE LIBRO

También quiero decir algo acerca de la *audiencia* para quienes he escrito este libro.

El mismo pasaje de la Biblia que nos dice que Jesús relataba historias y las explicaba, también nos dice que Jesús tenía en cuenta a su *audiencia* en particular cada vez que hablaba. La Biblia dice: "Jesús empleó muchas historias e ilustraciones similares para enseñar a la gente, tanto como pudieran entender" (Marcos 4:33, NTV).

Así mismo, he escrito este libro con una audiencia particular en mente.

Desde el fallo de la Corte Suprema de 2015, donde se legalizó el matrimonio homosexual en todos los 50 estados de los Estados Unidos, el panorama cambió para los gays en este país. Y como esto hizo eco en todo el mundo, esa simple decisión también ha cambiado el panorama para los gays a nivel mundial.

Si bien este fallo da una opción para los gays que *quieren* llevar sus atracciones hacia el mismo sexo hasta el mayor extremo posible, ayuda muy poco a quienes *no* quieren seguir sus atracciones hacia el mismo sexo, cualquiera sea la razón que tengan para no hacerlo. Para este último grupo es para quien he escrito este libro, no sólo como lectores, sino también para quienes los aman.

Si conoces gays que están felices con seguir sin limitación sus atracciones hacia el mismo sexo, entonces quizás este libro no sea para ellos. Sé como es, y quizás tú también lo sepas, que alguien trate de convencerme de algo que ya he mirado muy a fondo, sopesando todos los factores en la medida de lo posible, y llegado a una conclusión. Que alguien trate de convencerme de lo contrario a veces parece "un metal ruidoso o un címbalo que resuena" (1 Corintios 13:1b, NTV).

Mi deseo con este libro no es añadir más heridas o dolor a quienes a menudo han soportado suficientes heridas y dolores para una vida.

He escrito este libro primordialmente para quienes están *luchando* con sus atracciones hacia el mismo sexo y para quienes los aman. He escrito para quienes se preguntan si puede haber una alternativa, cualquier alternativa, para tratar con sus sentimientos de atracción hacia el mismo sexo, lo cual *no* incluye seguir a plenitud esas atracciones.

Conozco a muchas personas que se sienten *atrapadas* en sus atracciones, como si estuviesen encerradas en una sola opción para toda la vida. A nadie le gusta sentirse así de enjaulado. Si conoces a alguien que se siente "estancado" en algo donde no quiere estar, atrapado por sentimientos que nunca pidió tener y nunca habría elegido por sí mismo, aunque sintiera que tenía una elección, entonces este libro es para ti.

Este libro es para quienes quieren seguir un camino diferente con sus vidas y para quienes los aman. He escrito este libro no sólo como un ejercicio académico, sino como una manera de compartir contigo un camino que yo mismo he seguido y he encontrado muy satisfactorio, incluso más fantástico de lo que nunca imaginé. Es un viaje que puedo recomendar de todo corazón a todo aquel que quiera seguirlo.

Para quienes *no están interesados* en esta opción, pero *sí les interesa* aprender lo más que pueden acerca de un tema cercano y querido para ellos, creo que este libro *será* de gran beneficio, no solo para ellos sino también para quienes los aman, así no haya mayor razón que entenderse mejor a sí mismos y unos a otros. He escrito este libro de una manera que incluso los que nunca en sus vidas han tenido una atracción hacia el mismo sexo puedan entender a, y relacionarse con los que sí.

Al final, los *verdaderos beneficiarios* de este libro serán aquellas personas que se recibirán el *mejor amor* que se dé como resultado de que alguien que los ama tomó el tiempo para leerlo.

DOS *OTROS* LIBROS

Por último, para los lectores que todavía no han puesto su fe en Cristo, o para los cristianos que quisieran leer un relato más *romántico* de mi historia (¡porque *es* una historia de amor!), quizás quieran leer mi verdadera historia en forma de novela titulada *Fifty Shades of Grace*, la cual, por razones de modestia, escribí bajo mi seudónimo, Nicholas Deere.

Los lectores han dicho que la historia de *Fifty Shades of Grace* es "un relato cautivante" y "una historia con la que todos nos podemos relacionar". Como su título lo indica, el libro contiene un relato más bien *sensual* de mi historia, y aunque está muy bien narrado, algunos lectores lo han encontrado sorprendentemente íntimo. (¡Considérate advertido!)

Para aquellos lectores que quieran leer mi historia en el contexto del "cuadro completo" de lo que Dios tiene para decir respecto al sexo *más allá* del tema de la homosexualidad, quizás quieran leer mi libro, *Lo que Dios Dice Acerca del Sexo*. Este popular pero práctico librito ha sido de ayuda para lectores de todas las edades que desean aprender más acerca del sexo desde una perspectiva bíblica, incluyendo lectores menores que por primera vez están empezando a aprender acerca del sexo.

Tras esta introducción, y para quienes quieren continuar leyendo *este* libro (¡y espero que así sea!), ¡prosigamos con las guías de estudio para los Capítulos 1 y 2!

Eric Elder

GUÍA DE ESTUDIO PARA EL CAPÍTULO 1: "MI TESTIMONIO EN POCAS PALABRAS"

RESUMEN DEL CAPÍTULO

El breve testimonio del autor comunica al menos tres cosas:
- que llegó a la homosexualidad,
- que salió de la homosexualidad gracias al poder de Cristo y con la ayuda de una amiga que luego llegó a ser su esposa,
- y que siente que desde entonces ha estado viviendo una vida abundante, por más de 30 años.

El autor dice que a lo largo de este libro también propondrá ideas para ayudar a los lectores a caminar junto a las personas que aman, en el que puede ser el viaje más importante de sus vidas.

PREGUNTAS DE REFLEXIÓN Y DISCUSIÓN

Lee Juan 10:10. ¿Cómo crees que estas palabras de Jesús se pueden aplicar al testimonio del autor?

Lee Juan 20:30-31. A la luz de estos versículos, da algunas razones por las cuales las personas comparten sus historias respecto a lo que Jesús ha hecho por ellos. ¿Qué razones puede tener el autor de este libro para querer compartir su historia?

Lee Juan 21:25. Si Jesús tocó las vidas de tantas personas cuando caminó en esta tierra, de modo que no podrían contenerse en todo el mundo, y si desde entonces ha estado vivo y activo tocando las vidas de muchos, ¿de qué manera crees que esta idea puede ayudarte con respecto a la capacidad que Él tiene para tocar tu vida y las de tus seres queridos?

¿Qué pensamientos vinieron a tu mente cuando leíste el breve testimonio del autor? ¿Su historia dio pie para alguna pregunta? ¿Qué *más* quisieras saber acerca de su historia?

¿Has escuchado alguna vez un testimonio similar al del autor, sobre alguien que haya experimentado atracciones hacia el mismo sexo, pero que haya llegado a vivir una vida heterosexual a largo plazo y muy satisfactoria? Si tal vida fuera posible para ti o algún ser querido, ¿la quisieras para ti o para esa persona? ¿Por qué sí o por qué no?

¿Conoces a alguien que pueda beneficiarse de leer este libro y estudiarlo contigo? De ser así ¿considerarías pedirle que lo haga?

¿Jesús ha tocado tu vida de una manera similar a como tocó la vida del autor, así los detalles sean diferentes? De ser así, ¿estarías dispuesto a compartir tu propio "testimonio en pocas palabras" con quienes te rodean?

GUÍA DE ESTUDIO PARA EL CAPÍTULO 2: "MI TESTIMONIO EN UNA CÁSCARA DE HUEVO"

Resumen del Capítulo

Hablar sobre homosexualidad a veces puede ser como caminar sobre huevos. Pero el hecho de que sea un tema sensible no quiere decir que no podemos hablar sobre el mismo siendo sensibles. ¿Por qué? Porque:

- *las personas quieren* hablar al respecto,
- hoy más que nunca *hay más preguntas* acerca del tema,
- y las *vidas de muchos pueden cambiar* para bien y para siempre, así como la vida del autor fue transformada cuando leyó lo que otro dijo acerca de este asunto.

El autor dice que a lo largo de los años ha sentido miedo de compartir su testimonio por dos razones:

- ¡por temor a lo que puedan pensar las personas que *odian* a los gays,
- ¡y por temor a lo que las personas que *aman* a los gays puedan pensar!

Sin embargo, el autor sigue compartiendo su testimonio con la esperanza de que ayude a quienes están experimentando atracciones hacia el mismo sexo, pero *no* quieren seguir esos sentimientos, cualquiera sea la razón para no querer hacerlo.

El autor sabe que quizás haya personas que no acepten lo que él tiene para decir, sin importa qué sea, pero anima a los lectores a seguir leyendo, y dice lo mismo que dijo el ciego que Jesús sanó: "Una cosa sé; ¡Yo era ciego, pero ahora veo!"

Preguntas de Reflexión y Discusión

Lee Juan 9:1-41. Después que le hicieron varias preguntas acerca de su sanidad, ¿como el hombre ciego resumió lo que le había sucedido (versículo 25)? ¿Por qué es importante lo que él dijo? ¿Cómo relaciona el autor esta historia con la suya propia?

¿Encuentras que el tema de la homosexualidad surge más y más en conversaciones hoy en día? ¿Por qué el autor considera que esto puede ser bueno? Cuando este tema surge, ¿te sientes cómodo hablando al respecto, o te sientes más como caminando sobre huevos?

Lee el Salmo 119:32. ¿Qué razones da el salmista para decir que su corazón ha sido liberado? ¿En qué áreas de nuestras vidas esta misma razón también puede liberar *nuestros* corazones?

Lee Efesios 4:15. Según este versículo, ¿qué quiere Dios que hagamos y que lleguemos a ser? ¿Cómo el hacer estas cosas nos ayuda a crecer a la semejanza de Cristo? ¿En qué punto del "ciclo de aprendizaje de vida" te ves en cuanto a este tema?

¿Por qué algunas personas siguen siempre sin convencerse de que los cambios reales son posibles, al menos según la cita de David Swift y la historia del hombre que pensaba que estaba muerto?

¿De qué manera puedes aplicar la cita de J. Masai: "por todas partes hay sentimientos, sé sensible" a tus conversaciones acerca de este o cualquier otro tema?

Capítulo 3:
Algunas palabras sobre atracciones

————— ❖ —————

Donde comparto la complejidad de las atracciones, de dónde vienen, qué hacer con ellas, y el hecho de que pueden cambiar y en efecto lo hacen, a veces de manera muy significativa.

————— ❖ —————

En este libro encontrarás que a menudo hablo acerca de "atracciones". Hay un gran debate en torno a la procedencia de las atracciones, ya sea que las circunstancias las forjen o no, ya sea que sean una elección o no, y ya sea que se puedan cambiar o no. Afortunadamente, aquí estoy para responder a todas tus preguntas, sin falta (dicho, con ironía).

La primera pregunta que me hacen respecto a la homosexualidad es esta:

"¿Crees que las personas nacen gays?"

Es una pregunta válida, y en este capítulo daré una respuesta válida. Pero creo que la pregunta más interesante es: "¿Por qué las personas sienten atracción hacia *quienes* se siente atraídas?"

Esta historia no está en la Biblia, pero he escuchado que Adán un día habló con Dios acerca de Eva.

Adán dijo: "¿Dios, por qué la hiciste tan hermosa?"

Dios dijo: "La hice así, Adán, para que te sintieras atraído hacia ella".

Adán pensó por un momento y luego dijo: "Pero ¿Dios, por qué la hiciste tan tonta?"

A lo cual Dios respondió: "La hice así, Adán, para que se sintiera atraída hacia ti".

(Es una broma que ofende a todos por igual, según mis hijos, eso es lo que la hace tan divertida).

Aunque *esa* historia acerca de la atracción no está en la Biblia, hay muchas otras que sí lo están, historias como la atracción de Jacob hacia Raquel. (Génesis 28-30), la atracción de David hacia Betsabé, (2 Samuel 11-12), o la atracción de Amnón hacia Tamar (2 Samuel 13).

Cada uno de estos relatos describe atracciones profundas, pero todas de ellas con finales dramáticamente diferentes. ¿Por qué? Por las elecciones que las personas hicieron respecto a las atracciones que sentían, decisiones que cumplían o destruían los planes de Dios para sus vidas.

Durante los últimos 30 años he tenido conversaciones cara a cara con cientos de personas, y siempre me asombran las respuestas que escucho cuando hablo de las atracciones. Las personas tienen atracciones muy diferentes por razones muy diferentes.

Hay personas a las que les gustan los hombres con barba; y hay quienes los prefieren sin barba. Hay quienes gustan de mujeres con curvas muy pronunciadas; y hay quienes las prefieren más delicadas. A algunas personas un actor les parece atractivo, mientras que otras no piensan igual del mismo actor. Las razones por las cuales las personas se sienten atraídas a otras personas varían casi tanto como las personas mismas.

CAMBIO DE ATRACCIONES

En una ocasión, después de conocer a un hombre que yo también conocía, una amiga anciana me dijo que le parecía uno de los hombres más feos que jamás había conocido. Aunque no era repulsivo para nada, algunos de los rasgos de su rostro eran desproporcionados con respecto a lo que ella estaba acostumbrada a ver.

Sin embargo, después me dijo que, tras varios meses de conocerlo, comenzó a verlo de una forma muy diferente. En realidad era un hombre muy atractivo, y él la ganó a ella. Tras meses de pensar que era uno de los hombres más feos que había conocido, llegó a verlo como uno de los más atractivos que jamás había conocido.

Veo esto todo el tiempo, ya sea con novios, novias, esposos o amantes, donde una persona que no sentía ninguna atracción en particular hacia otra, de alguna manera, y repentinamente encuentra que esa persona es el único objeto de sus afectos. He visto personas enamorarse locamente de otros que antes no habían despertado el más mínimo interés en sus corazones.

También lo he visto pasar a la inversa: alguien que en un momento estaba locamente atraído hacia otra persona, pero luego, incluso de repente o con el paso de un periodo de tiempo, deja de sentir cualquier atracción hacia esa persona. La llama que una vez ardía con tanto brillo desaparece por completo. La persona ha "perdido ese sentimiento de amor", y ni siquiera queda un rastro de humo de aquel fuego que en otro momento estuvo tan encendido.

¿Qué hace que las atracciones de otros cambien de forma tan dramática?

A menudo *nada* cambia en cuanto a la apariencia o la personalidad de quien es el objeto de tanto cariño o desprecio, pero *todo* cambia en la mente de la persona que ama o desprecia.

Se ha dicho que el órgano sexual más importante del cuerpo es la *mente*. Después de 30 años escuchando las historias de muchos respecto a lo que les atrae y lo que no, estoy convencido de que eso es cierto.

También he encontrado algo particularmente claro al hablar con personas que se sienten atraídas hacia personas de su mismo sexo. Las personas con este tipo de atracción no siempre se sienten atraídas hacia *todos* los de su mismo sexo, sino solo hacia un pequeño grupo.

Hablando con un hombre que por muchos años ha luchado con la atracción hacia el mismo sexo, le pregunté si se sentía atraído hacia *todos* los hombres o sólo hacia *algunos*. Él respondió, "sólo hacia algunos, y no son muchos".

Aunque luchaba con sus atracciones hacia ciertos hombres, durante nuestra conversación entendió que no *todos* los hombres lo atraían, sino que en realidad eran unos *pocos*.

Cuando le pregunté acerca del *tipo* de hombres que lo atraían, hizo una lista específica de cualidades y características que él equiparaba a lo que buscaba en una amistad cercana con un hombre. Incluso si *hubiese* nacido con una atracción hacia los hombres, en realidad no había nacido con una atracción hacia *todos* los hombres, porque sencillamente no *tenía* ese tipo de atracción, sino que era solo hacia un pequeño subconjunto de hombres.

¿NACIDO GAY?

Permíteme subrayar este punto un poco más. Un día estaba hablando con un hombre afroamericano acerca de sus atracciones hacia los hombres. Cuando iniciamos la conversación, me dijo que estaba completamente convencido de que había nacido gay. Si no era así, ¿entonces por qué había tenido esos sentimientos toda su vida?, se preguntaba.

Cuando le pregunté si se sentía atraído hacia todos los hombres o sólo hacia algunos, su respuesta fue, "¡es claro que sólo hacia algunos!"

Luego pasó a decirme que había hombres mayores de cierta edad y otros menores hacia los que definitivamente *no* se sentía atraído. También me dijo que había algunos tipos de hombres por los cuales sentía completa repulsión, por la forma como caminaban, hablaban o como se comportaban, y que nunca consideraría tener ningún tipo de relación romántica con ese tipo de hombres.

Sin embargo, lo más diciente de todo, para él y para mí, fue cuando dijo que, dentro de ese pequeño subgrupo de hombres, solo se sentía atraído hacia hombres blancos. Él nunca jamás, ni una sola vez, había sentido atracción o había tenido un encuentro con otro hombre afroamericano.

Después de conversar por unos minutos acerca de lo que acababa de decir, le pregunté, lo más amablemente que pude: "¿Entonces me estás diciendo que cuando Dios te creó, te hizo gay, Y TAMBIÉN racista?"

El hombre soltó una carcajada ante la ironía de la verdad que acababa de comprender.

Aunque quizás no haya conocido las razones detrás de las atracciones que tenía, entendió que estaba mal atribuir sus atracciones a Dios o a la naturaleza solo porque no sabía de dónde más provenían.

En ese momento, tanto él como yo pudimos ver que en sus atracciones había algo que *no* se debía a su ser interno desde el nacimiento, sino que podía ser otra cosa en juego.

Aunque algo respecto a cómo fue diseñado desde la concepción puede haber tenido un efecto en las atracciones que tenía, el hecho que no se sintiera atraído a todos los hombres, ni siquiera hacia la mayoría de ellos, sino solo hacia un subgrupo en particular de hombres con un subconjunto característico de rasgos, nos hizo entender que probablemente en lo relacionado con atracciones había más cosas en juego que el simple hecho de haber "nacido gay".

¿Creo que hay razones por las cuales nos sentimos atraídos hacia ciertas personas, algunas de las cuales pueden tener mucho que ver con la forma como Dios nos diseñó? ¡Sí! A veces, nuestras reacciones y respuestas hacia otras personas, y sus reacciones y respuestas hacia nosotros, se dan por características o rasgos particulares que Dios nos dio al nacer. (Y antes de finalizar este capítulo, compartiré contigo algunas de las razones por las cuales *mi* diseño en particular *me* hizo especialmente receptivo a los avances de otros hombres).

Pero también creo que más allá de nuestro diseño inicial al nacer, hay razones que nos hacen sentir atraídos o no hacia ciertas personas, sin importar su género.

SENTIMIENTOS

Al hablar de homosexualidad, hablamos de sentimientos. Y los sentimientos pueden cambiar, a veces tan pronto alguien descubre que la persona que ama ha sido infiel, o ha sido sorprendida en una evidente mentira, o ha creado un hábito destructivo. Por el contrario, los sentimientos pueden cambiar tan pronto alguien derrama una copa de vino, o al mirar una luna llena, o al extender una manta sobre la playa.

Los sentimientos también pueden tardar más tiempo en cambiar, siguiendo la rutina y el flujo normal de una relación a medida que crece o fracasa.

Sin embargo, aunque los sentimientos cambian mucho, también es importante tener presente que puede ser increíblemente *difícil* cambiarlos, y a menudo persisten por mucho más tiempo del deseado.

Sé cómo es enamorarse de alguien que no se ha enamorado de mí, y no importa cuánto haya intentado desear u orar para no tener esos sentimientos, no he podido hacerlo, no en mis propias fuerzas. Sin embargo, el hecho de que esos sentimientos persistan no significa que Dios haya determinado que yo *esté* con esa persona (¡puedo decir que para el gran alivio de la otra persona!)

También hay personas hacia quienes me he sentido atraído de inmediato, pero después de una o dos conversaciones con ellos, he perdido toda la atracción.

La sola experiencia, tanto para mí como la de las personas que he escuchado en cientos de conversaciones personales, me dice que nuestras atracciones son complejas, a veces variables, a veces no, a veces persistentes sin importar cuánto lo intentemos, y a veces, al parecer, no se pueden resucitar, así lo intentemos.

Así que, para dar respuesta a la pregunta que prometí responder al comienzo de este capítulo, cuando me preguntan: "¿Crees que las personas nacen gays?" para mí es importante saber la pregunta *detrás* de esa pregunta.

Si lo que me están preguntando es: "¿Los sentimientos que tengo ahora, o los que he tenido toda mi vida, son los mismos que voy a tener mañana o por el resto de mi vida?, entonces mi respuesta es: "No, tus sentimientos pueden y van a cambiar, y también pueden y podrían cambiar en esta área de su vida".

Pero si la pregunta es: "¿Hay algo respecto a cómo me creó Dios, que haya influido en las atracciones que siento ahora, o he sentido en el pasado?" entonces mi respuesta es: "Sí, Dios te creó, y la forma como tú y los demás reaccionan y responden a la forma como fuiste creado puede tener algo que ver con las atracciones que sientes ahora, y las que puedas sentir en el futuro".

No soy psicólogo, pero sí sé que las personas tratan a otros de manera diferente, de acuerdo con la forma como Dios los creó, ya sea que sean blancos o negros, zurdos o diestros, delgados u obesos. Y sé que las reacciones de las personas con relación a cómo fueron creadas sí afectan sus atracciones o falta de las mismas.

Así que, sí creo que la forma como somos creados influye en las atracciones que sentimos y las que otros sienten hacia nosotros.

Pero cuando las personas preguntan: "¿Crees que las personas nacen gays?" a menudo preguntan con motivos muy diferentes. Si son personas que se sienten atraídas hacia el mismo sexo y *quieren* seguir con esas atracciones, entonces a menudo esperan que la respuesta sea "sí", para así poder dar libertad sin obstáculos a sus atracciones, al menos sin *ese* obstáculo. Pero si son personas que se sienten atraídas hacia el mismo sexo y *no quieren* seguir con esas atracciones, personas que se sienten atrapadas y sin esperanza en sus situaciones, entonces a menudo esperan que la respuesta sea "no", para así tener la esperanza de que el cambio sí es posible.

REFORMULANDO LAS PREGUNTAS

Es por esto que me gusta replantear las preguntas que me hacen, no para evitarlas, sino como una forma de abordar las que hay en sus corazones, las cuales, en el caso de si las personas nacen gays o no, en el fondo simplemente se reducen a esta: "¿Crees que las atracciones de las personas pueden cambiar?"

Y a esa pregunta, mi respuesta es un claro y resonante "¡Sí! Sí creo que las atracciones de las personas pueden cambiar y cambian.

Luego les doy algunos de los ejemplos que acabo de compartir contigo.

Para quienes se sienten atrapados y sin esperanza en medio de su situación, esto suele darles esperanzas reales, a veces por primera vez en sus vidas. Para las personas que buscan una razón para "perseguir a" lo que sea que quieren, esto hace que al menos hagan una pausa y piensen un poco más cuidadosamente lo que desean y por qué lo desean.

La realidad práctica es que sencillamente no podemos "perseguir a" todas y cada una de las personas hacia las que nos sentimos atraídos, cuando nos parezcan atractivas.

Me he sentido atraído hacia muchas estrellas de Hollywood, pero no puedo perseguir a ellas. A menudo pertenecen a alguien más, y quizás nunca se sientan atraídos hacia mí.

También me he sentido atraído hacia personas casadas o que ya están en relaciones de compromiso. Tampoco puedo perseguir a ellos, sólo porque me siento atraído hacia ellos, de lo contrario destruiría las relaciones que ya tienen con otros.

Si alguien que siente atracción hacia el mismo sexo se casara con su pareja gay, se estaría engañando a sí mismo al pensar que por casarse con *esa persona,* de una u otra forma *todas sus otras atracciones* hacia los demás quedarían eliminadas.

El casarse no elimina de repente las atracciones que sentimos hacia los demás, ni en los matrimonios gay ni en los matrimonios heterosexuales. Entonces ¿qué harán las personas casadas con sus atracciones sexuales no deseadas? ¿Ser indulgentes con esas atracciones? ¿O (¡Dios no lo quiera!) negarlas?

En el mejor de los casos, elegirán la última, por su propio bien, por el bien de Dios, y por el bien de todos los involucrados.

Sencillamente *no podemos* concluir que, si sentimos atracción sexual o romántica hacia una persona, entonces eso quiere decir que Dios quiere que "persigamos a" esa persona. Es por esto que Dios nos ha dado restricciones, las cuales no solo están escritas en la Biblia, sino en nuestros corazones, tales como "no cometerás adulterio". Dios ha establecido estas restricciones para protegernos a nosotros y a los demás, y para ayudarnos a comprender la plenitud de lo que Él tiene en mente para nuestras vidas, incluyendo nuestras relaciones amorosas.

¿Las personas nacen siendo gays? Aunque es posible, es casi como decir que las personas nacen racistas. No estoy negando que la forma como Dios nos creo puede influenciar, y de hecho lo hace, la forma como reaccionamos y respondemos los unos a los otros. Pero atribuir esos sentimientos de atracción solo a Dios, o solo a la naturaleza misma, niega lo que para mí es una realidad obvia de que sin duda también hay otras fuerzas en juego.

INCIDENTES QUE INCITAN

Aunque en tantas conversaciones que he tenido con hombres y mujeres a lo largo de los años he encontrado que son pocos los que *no han podido* identificar alguna razón en particular que explique por qué sienten atracción hacia los de su mismo sexo, o por qué tienen aversión contra los del sexo opuesto, muchos de ellos *sí* han podido determinar, con absoluta claridad, el día, momento, incidente o razón exacta que los hizo mover su atención hacia los del mismo sexo o desviarla de los del sexo opuesto.

Algunas mujeres han compartido conmigo incidentes que las han llevado a temer el tener intimidad con hombres. En consecuencia, sencillamente se sienten más cómodas con mujeres.

Parece sugerir, de manera lógica al menos, que si un evento o circunstancia en particular hizo que los sentimientos de atracción de alguien se dirigieran en cierta dirección, entonces, quizás, otro evento o circunstancia podría hacer que los sentimientos de atracción de esa persona se movieran en otra dirección.

Esto no es para decir que puede ser fácil cambiar las direcciones. Pero sí es para decir que sí se puede asumir que dicho cambio es posible. Y, con mis propios ojos muchas veces he visto reversiones así de dramáticas.

También he escuchado a hombres decir que ahora no sienten atracción hacia *ninguna* mujer gracias a la influencia negativa de una o varias mujeres dominantes en sus vidas, ya sea su madre, su hermana o su pareja. Esas mujeres los hacen sentir reprimidos y constreñidos, de modo que terminan prefiriendo estar con hombres.

En consecuencia, se podría decir que, si sus atracciones se vieron afectadas negativamente por la mala influencia de unas pocas personas en sus vidas, entonces también podrían verse influenciadas positivamente por la influencia positiva de unos pocos en el futuro.

De nuevo, no estoy diciendo que esto tenga que ser fácil, y he caminado por esta misma senda con suficientes personas durante suficiente tiempo, y sé lo difícil que puede ser, pero sí estoy diciendo que sí es concebible, y *más* que concebible, vuelvo y lo digo, con mis propios ojos he visto esos cambios.

Todo esto, desde luego, llega al fuerte campo de la psicología, donde abunda un amplio rango de posibilidades y opiniones respecto a las atracciones de las personas.

Sin embargo, ni siquiera sugeriría esas ideas si no hubiese visto personas descubrir la fuente de sus atracciones, resolver las razones y los por qué, y luego avanzar hacia otra forma de pensamiento y de vida, que les ha dado mucha más plenitud, mucho más gozo y más paz que nunca. (Esto también da lugar a la vieja pregunta: "¿Cuántos psicólogos se necesitan para cambiar una bombilla?" La respuesta: "Solo uno, pero es necesario que la bombilla de verdad quiera cambiar").

MI RECORRIDO HACIA LA HOMOSEXUALIDAD

Permíteme acercar eso a mí vida. Ya en este capítulo dije que iba a compartir contigo más acerca de mis propias atracciones y algunos de los factores que he identificado como los elementos que en un comienzo me hicieron muy receptivo hacia la homosexualidad.

En cierto sentido sí creo que la forma como Dios me hizo ha afectado mis atracciones y se trata de esto: Dios me hizo con un carácter muy sensible. Soy sensible con las personas, soy sensible al dolor, y soy sensible con las sutilezas, los sentimientos, los colores y las texturas en la belleza, la música y el arte.

Creo firmemente que así es como Dios me hizo, y que me creó de esa forma para realizar sus propósitos específicos en y por medio de mi vida, así como ha creado a otros de otra forma para lograr sus únicos propósitos en y por medio de sus vidas.

Sin embargo, esto no quiere decir que Dios me creó para tener relaciones sexuales con otros hombres.

Una simple mirada a las partes del cuerpo involucradas revela que todos nosotros, como humanos, estamos hechos para la sexualidad heterosexual. Los órganos encajan mejor de esa forma, y están diseñados para encajar de maneras y por razones muy específicas, incluyendo la intimidad y la reproducción.

Además de esta "mirada simple" a las partes del cuerpo involucradas, un estudio más detallado, ya sea en libros de medicina o a la luz de la experiencia práctica, revela la increíble intrincación con la que funciona el sistema reproductivo humano. Es verdaderamente asombrosa la manera como todo encaja, desde cómo la estimulación de los órganos sexuales hace posible la relación sexual, hasta la forma como la esperma y el óvulo se unen para dar inicio a la vida, permitir el crecimiento de un bebé, y llegar al alumbramiento. (Para mí, el sistema reproductivo humano es una de las evidencias naturales más atractivas que demuestra la existencia de Dios).

Estuve presente en el parto de mis seis hijos y es asombroso cómo nacen los bebés. Pero también he estado en la concepción de mis seis hijos, ¡y la forma como son concebidos es incluso más asombrosa!

Desde un punto de vista meramente físico, para mí es muy convincente que Dios me creó como ser humano para ser heterosexual. *Así* es como nací. Decir lo contrario sería negar "los hechos de la vida" como los veo.

No creo que el hecho de ser alguien sensible signifique que Dios me haya creado para tener sexo con hombres. Pero mi sensibilidad ha significado que con más frecuencia he estado más inclinado hacia el arte, la música, el drama y el baile que hacia los deportes de contacto o a juegos rudos y fuertes.

Gracias a esto, el haber crecido en el pequeño pueblo donde crecí, a menudo me llevó a estar rodeado de mujeres que compartían las mismas características y fácilmente se convirtieron en unas de mis mejores amigas.

Me gustaban los deportes, pero no los deportes de contacto, así que tomé clases de danza y de gimnasia en un estudio de baile que quedaba en un pueblo más grande cerca de donde vivía. En cada una de esas clases solía haber de 20 a 30 niñas, y máximo uno o dos chicos.

Me gustaba la música, y cuando era niño escuché a un hombre de Suiza tocar la flauta, quien dijo que la tocaba cuando caminaba por los Alpes Suizos, cuando lo escuché decir eso, me atrajo mucho poder tocar la flauta algún día.

Así que cuando tuve la oportunidad de elegir un instrumento para tocar en la banda de la escuela, elegí la flauta. A lo largo de los años, a menudo he tocado en bandas marciales, rodeado de mujeres, en lugar de chocar cabezas en el campo de fútbol con otros hombres.

Canté en el coro y actué en obras de teatro, las cuáles, de nuevo, en el pueblo donde crecí eran actividades dominadas por mujeres.

Ninguna de estas actividades en sí mismas me hicieron gay. Ninguna de estas actividades me hicieron tener sexo con otro hombre. De hecho, siempre me asombraba que algunos de los chicos de la escuela me llamaran Gay porque hacía esas cosas, ¡sin embargo yo tenía amistades más estrechas con mujeres que cualquiera otro de los hombres que conocía!

RELACIONES CON HOMBRES

El problema para mí, así como para muchos hombres que llegan a la homosexualidad, no *estaba* en las relaciones con las mujeres. Ellas a menudo eran mis mejores amigas. Mi problema estaba en las relaciones con los hombres. Yo no hacía parte de su cultura. No hacía parte de sus bromas en los vestidores. No hacía parte de sus clubes sociales, de deportes o clubes para beber.

Me parecía irónico ver que los hombres que me llamaban gay saltaban unos sobre otros en el campo de fútbol para celebrar sus victorias o se daban palmadas en el trasero después de un juego, así fuera en público, en el campo o estando en privado en las duchas después de un juego.

Los hombres más machos que conocía, rara vez pasaban tiempo con chicas, mucho menos sólo en relaciones de amistad, sino que pasaban tiempo con otros chicos. TODO. EL. TIEMPO. Me llamaban gay, pero parecían tener relaciones personales y físicas más cercanas con otros hombres, que las que yo jamás había tenido.

En ese entonces yo no tenía sentimientos de homosexualidad, pero eso no evitó que me llamaran gay, no basándose en mi sexualidad, sino basándose en las actividades en las que participaba. Eso me hacía sentir fuera de sincronía con otros chicos.

¡Y sí me gustaban las chicas! Tuve algunas novias en la escuela media y una relación significativa en la secundaria. Éramos románticos, emocional y físicamente, a menudo nos tomábamos de las manos, nos besábamos y dábamos largas caminatas por los bosques.

Me gustaba la intimidad física y emocional de esas relaciones. Pero nunca tuve alguna actividad sexual, ya que era algo que sólo era correcto para el matrimonio.

Cuando fui a la universidad, conocí algunos chicos que mostraban verdadero interés en ser mis amigos. En lugar de burlarse de mis talentos artísticos, ¡ellos los celebraban! Pensaban que era bueno que me gustara el canto, el baile y la actuación.

No podía creer que hubiera hombres que de verdad me entendieran, me apreciaran y disfrutaran estar conmigo por lo que yo era, y no esperaban que fuera alguien diferente.

Cuando uno de esos mismos chicos se me acercó para ver si yo podía estar interesado en algo *más* para nuestra amistad, no me tomó mucho tiempo decir "sí". Aunque tener una relación íntima con un hombre era territorio desconocido para mí, y al comienzo tuve algunas reservas en cuanto a la idea, aún así me fue fácil caer en ello.

De hecho, me gustó. Me gustó la atención, me gustó que alguien se sintiera atraído hacia mí, y me gustaron los sentimientos físicos que eso producía.

A nivel emocional, ese tipo de presencia de otro hombre en mi vida satisfacía una profunda necesidad de amistad masculina que había en mi interior, la cual sentía que no había tenido por mucho tiempo, y tenía como bono adicional la afección física que incluía. Para mí, ese era un verdadero caso de "amigos con beneficios", como algunas personas suelen llamar a esas relaciones.

Cuando entendí que el sexo parecía ser el camino hacia la satisfacción de esa profunda necesidad de amistad masculina en mi vida, encontré que mis atracciones hacia los hombres estaban creciendo.

Así como muchas mujeres lo han hecho, comencé a buscar hombres con quienes pudiera tener intimidad, de modo que también pudiera sentirme cercano a ellos como amigos. Y, como muchas mujeres, pronto descubrí que, cuando decía "no" al sexo, esa amistad que a mi parecer estaba ganando llegaba a su fin. Tras ver terminadas muchas amistades por esas razones, entendí que quizás esa no era la mejor forma de hacer amigos.

Aunque mis atracciones hacia los hombres crecían con cada relación, no estaba muy seguro si quería que mis atracciones crecieran en esa dirección.

Pero luego comencé a preguntarme si tenía alguna opción. Aunque en la secundaria, cuando mis amigos me llamaban gay, en realidad no lo era, ahora no podía negarlo. Me refiero a que la primera persona con quien tuve alguna relación sexual fue un hombre, y desde entonces solo tuve intimidad sexual con hombres, así que supongo que eso me hizo gay, ¿correcto? ¿O no?

Y si era gay, ¿iba a serlo para siempre? No estaba muy seguro de lo que pensaba acerca de esa idea.

¿De verdad había *nacido* gay?

Capítulo 4:

Algunas palabras acerca de ser gay

———— ❖ ————

Donde comparto lo que significa ser gay, por qué más personas de lo que crees podrían ser definidas como gays, y por qué nunca me consideré a mí mismo gay, incluso cuando lo era.

———— ❖ ————

Nunca me consideré a mí mismo gay. De hecho, ni siquiera sabía el significado de esa palabra hasta cuando algunos chicos de la escuela me llamaron así. Tuve que buscarlo en el *Diccionario Webster's Collegiate* de mi familia. (Todavía faltaban unos 20 años para que naciera Google).

Las palabras de elección en ese tiempo variaban entre *gay, mariquita, afeminado, raro,* y la más denigrante de todas: *homo* (como cuando caminaba por el pasillo para ir a clase me decían "¡homo!", o más aún cuando me abría paso por un vestidor lleno de gente después de la clase de educación física, tratando de pasar entre otros 25 chicos con quienes acababan de compartir la ducha abierta).

A veces las palabras eran en broma. Otras veces las decía con la verdadera intención de quererlo decir.

Cuando busqué la palabra *gay,* ésta me condujo a la palabra *homosexual,* la cual estaba definida como "una persona sexualmente atraída hacia miembros de su mismo sexo".

En la terminología de hoy la palabra *gay* suele definirse de manera similar, como "alguien que experimenta atracciones hacia su mismo sexo". Al usar el término "atracciones del mismo sexo", la definición amplía un poco el significado para incluir no solo los que se sienten *sexualmente* atraídos a miembros de su mismo sexo, sino también a quienes están *romántica* o *emocionalmente* atraídos a miembros de su mismo sexo, así no sientan atracción *sexual* hacia ellos.

En cualquiera de estas definiciones he encontrado interesante que la homosexualidad no describe ninguna característica *física* en particular de una persona, sino los *sentimientos* que experimenta una persona. Como tal, ser gay no es algo que ningún científico u otra persona podría identificar en otra persona con algún grado de certeza sin que esa persona se lo revele.

Esto no es para decir que no puede haber algunas expresiones físicas de esos sentimientos, porque a veces las hay. Pero sería como tratar de identificar si alguien tiene hambre o no, sin que esa persona te lo diga. No puedes decir si alguien está hambriento sólo con mirar a esa persona, a menos, que, desde luego, su hambre se manifieste en la manera como actúa debido a su condición.

Con estas definiciones, *cualquiera* que tenga sentimientos de atracción hacia alguien de su propio sexo podría ser considerado gay. No se tiene en cuenta el grado en el que sienten esas atracciones, ya sean fuertes o débiles, o si en algún grado también tiene sentimientos hacia alguien del sexo opuesto.

Tampoco toma en cuenta si los sentimientos de atracción de una persona hacia los miembros de su mismo sexo incluyen a *todos*, o solo un *subgrupo*, sea grande o pequeño. Si alguien está experimentando o ha experimentado sentimientos de atracción hacia alguien de su mismo sexo, ya sea a nivel sexual, romántico o emocional, entonces, al menos al momento de tener esas atracciones, esa persona es gay.

Esta definición es demasiado amplia, y, según mis conversaciones con personas que me han hablado acerca de sus propios sentimientos de atracción, incluye muchas más personas de las que podrías imaginar.

¿OBVIO O INCONSCIENTE?

He hablado con personas con atracciones hacia el mismo sexo, que están casadas y tienen hijos, con otros que permanecen en soltería y celibato, algunos miran fútbol americano en televisión o ballet en el teatro, y hay quienes tienen un aspecto suave y afeminado y otros con apariencia de machos y rudos.

A veces tengo que contenerme para no hablar cuando alguien, ya sea una esposa o una madre, me dice que puede identificar a un gay a una milla de distancia, como si hubiera algo en las expresiones externas de *cada* persona que *pone en evidencia* que es homosexual, sin embargo esa misma persona puede *ignorar* el hecho de que su propio esposo o hijo acaba de revelarme que ha experimentado atracciones hacia el mismo sexo, solo que nunca ha compartido esos sentimientos con su esposa o madre por lo que podría pensar si lo supiera.

Así que, aunque puede ser posible identificar *ciertos tipos de gays*, es muy difícil reconocer la amplia variedad de personas que a diario nos rodean y que experimentan atracciones hacia el mismo sexo, muchos de quienes nunca adivinarías que son gay.

¿Por qué? Porque nuestros *sentimientos* se dan en el corazón y en la mente, y solo se exteriorizan si optamos por expresarlos (o si los revelamos inadvertidamente).

Lo que vemos en el *exterior* de una persona no siempre revela lo que sucede en el *interior*. Como Dios le dijo al profeta Samuel cuando estaba buscando al siguiente líder de Israel: "No te dejes impresionar por su apariencia ni por su estatura... La gente se fija en las apariencias, pero yo me fijo en el corazón" (de 1 Samuel 16:7).

¿Por qué es importante conocer esto? Porque si vamos a hablar acerca de cómo amar mejor a los *gays*, es importante conocer que la *definición de gay* incluye personas de quienes quizás nunca hayas sospechado que tienen esas atracciones.

Quizás no haya nada en su forma de hablar, caminar o comportarse, o nada en lo que hacen o no hacen que pueda darte una pista.

Siempre que hablo en público acerca de este tema, las personas se me acercan, ya sea en público, justo después de terminar, o en privado en otro momento, para revelarme que ellos también han sentido atracciones hacia el mismo sexo. Las primeras palabras que a menudo dicen son algo así: "Nunca en mi vida he hablado con nadie acerca de esto, pero por lo que has compartido, siento que puedo decírtelo".

Uno de estos era un hombre casado y con hijos. Después de una charla se me acercó para preguntarme cómo había enfrentado la vergüenza de todo, habiendo tenido atracciones hacia el mismo sexo como las que él tenía.

Le hice algunas preguntas y me dijo que él hacía parte de la armada. Dijo que cuando alguno de sus compañeros de abordo hacía chistes sobre homosexualidad, él se unía y también hacía chistes. Pero me confesó que estaba teniendo sexo en secreto con algunos de los otros hombres a bordo. La vergüenza de todo eso lo estaba matando.

Si no me hubiese revelado el secreto, nunca habría sospechado que tenía sentimientos de atracción hacia otros hombres, e imagino que tampoco su esposa, sus hijos o sus compañeros de navío, salvo aquellos con quienes había tenido intimidad.

Es importante tener presente que *cualquier persona* con la que hables puede tener atracciones hacia el mismo sexo, y lo que digas en esas situaciones sí importa.

Un amigo mío de hace mucho tiempo ha luchado toda su vida con atracciones hacia el mismo sexo. Sin embargo, casi nunca le ha hablado de sus luchas a ninguno de sus allegados. Hace poco me dijo que uno de sus mejores amigos, un hombre casado cuya familia había sido de gran bendición para él, tenía el hábito de hacer con frecuencia comentarios despectivos acerca de los gays, comentarios que punzan. Aunque mi amigo a veces ha *querido* expresar sus objeciones, dice que teme decir algo por temor a poner en peligro su querida y valiosa amistad. Su amigo casado sencillamente no entiende el dolor que genera en uno de sus mejores amigos.

Otro hombre que conozco dijo que hace parte de un grupo de hombres donde a veces hablan sobre sus luchas con la pornografía. Él decía que se sentía agradecido por no tener ese problema, al menos eso pensó hasta que un día tropezó con pornografía homosexual.

Se encontró atraído hacia lo que veía y en poco tiempo terminó adicto a la pornografía, pornografía gay. Este hombre quedó tan sorprendido con lo que le estaba sucediendo como cualquier otra persona lo estaría.

Desafortunadamente, sentía que no podía compartir sus luchas con los otros hombres de su grupo por temor a sus reacciones. Dijo que solo lo compartía conmigo porque yo había compartido mi testimonio.

La razón por la cual relato esto es porque los chicos de su grupo de hombres nunca van a saber que uno de sus miembros, un hombre con quien se han reunido semana tras semana, lucha con pornografía homosexual. Mientras este hombre no elija revelarles su secreto, los demás en su grupo seguirán pensando que la atracción hacia el mismo sexo es una lucha poco común. Pero no lo es. Es mucho más común de lo que piensas, pero a casi ningún hombre le gusta hablar al respecto.

¡NO TODOS LOS GAYS SON IGUALES!

Otra idea equivocada muy común es pensar que todos los gays son iguales. ¿Recuerdas, por ejemplo, a mi amiga del Capítulo 2, quién dijo que los gays que conoce son "amorosos, generosos y amables"?

Aunque algunos de los gays que conozco sin duda son "amorosos, generosos y amables", he conocido otros que son "odiosos, tacaños y sarcásticos". Algunos son abiertamente mezquinos. Y algunos usan tácticas de matoneo que rivalizarían con cualquiera de las tácticas que enfrenté en la escuela.

Aunque puede haber *algunas* características comunes entre *ciertos tipos* de gays, en realidad no hay un conjunto de características que definen a *todas las personas* que alguna vez hayan tenido atracciones hacia el mismo sexo.

Esto no debería sorprendernos, ya que no hay un conjunto de características que define a todo el que es maestro (mi maestro de inglés de tercer grado era muy diferente de mi maestro de física de secundaria) o a todos los atletas profesionales (imagina un tenista profesional cambiando de papel con el defensa de un equipo de fútbol americano).

He conocido mujeres con atracciones hacia el mismo sexo y que están entre las mujeres más hermosas que haya conocido (algunas han sido modelos profesionales), mientras que he conocido otras que están entre las mujeres más rudas, hoscas y "varoniles" que haya conocido (algunas harían un buen trabajo de gorilas a la entrada de un bar).

He conocido hombres con atracciones hacia el mismo sexo que parecen cincelados como el *David* de Miguel Ángel (y que se han forjado carreras ante las cámaras de televisión), y otros con apariencia de criminales (algunos de hecho han estado en prisión por crímenes sexuales, independientemente de su aspecto).

Luego estoy yo. Me considero un chico "común y corriente" que creció en una granja en el Gran Medio Oeste. Toda mi vida la he vivido lo más cercano a Normal que puedas pensar. (Eso es un chiste... Vivo a unas 20 millas de una ciudad *llamada* Normal. Cuando me mudé a Plano, Texas por un año, un amigo hizo el comentario: "qué emocionante para ti, mudarte de Normal, Illinois, a Plano, Texas". Es decir, ¿puedes tener algo más "común y corriente" que eso?).

Todo esto lo digo para hacer énfasis en que las personas con atracciones hacia el mismo sexo vienen en todos los tipos, tamaños y formas.

Mientras hago una revisión mental de todas las personas que me han hablado sobre su atracción hacia el mismo sexo, la gran mayoría de ellos son también muy "comunes y corrientes". Quizás es por eso que mi propia "normalidad" los atrae a hablar conmigo cuando escuchan mi testimonio, porque ven en mí alguien con quien se pueden relacionar y compartir de sus propios sentimientos y luchas.

Pero cualquiera sea la razón, todo el tiempo conozco personas "comunes" que enfrentan atracciones hacia el mismo sexo, lo cual me hace ver con claridad que hay *demasiadas* personas con estas atracciones, muchas más de las que adivinarías.

Sin embargo, quizás no sepas de todos, así como quizás nunca hayas escuchado de mí antes de leer este libro, porque, para ser honesto, es algo *muy, muy,* difícil de confesar a otros.

Nuestros sentimientos de atracción son tan personales, tan cercanos al corazón, y afectan nuestras interacciones con demasiadas personas a diario. En especial, para los hombres es bastante difícil hablar de sus pensamientos y sentimientos más profundos, sin mencionar sus pensamientos y sentimientos más profundos en cuanto al sexo, ¡y mucho menos sus pensamientos y sentimientos acerca de su atracción hacia el mismo sexo!

¿SIMPLONES CÉLIBES?

Hay quienes piensan erróneamente que personas como yo, que sirven en el ministerio, no pueden entender a las personas del "mundo real", que luchan con "problemas reales".

Pero quienes están en el ministerio, y que son dignos de su cargo, escuchan más acerca de problemas y dificultades reales de quienes los rodean, que la mayoría de otros profesionales o laicos en el mundo.

Un pastor británico de comienzos de los años 1900, G.K. Chesterton, escribió una ingeniosa serie de libros de misterios acerca de un sacerdote rechoncho y de baja estatura llamado Padre Brown, quien tenía una "visión extraña de la maldad humana".

En uno de los relatos de Chesterton, cuando el Padre Brown atrapa a un notorio criminal, el mismo criminal que antes lo había llamado "simplón célibe", el sacerdote le explica al criminal, en gran detalle, *cómo* había podido detectarlo y sorprenderlo en su crimen.

Ante lo cual el criminal exclamó: ¿Cómo rayos conoce todos esos horrores?

A lo cual el sacerdote respondió: "Oh, siendo un simplón célibe, supongo. ¿Nunca has pensado que es poco probable que un hombre que no hace casi nada sino escuchar los verdaderos pecados de los demás no sea completamente consciente de la maldad humana?

En realidad, no podría adivinar cuántas horas he dedicado a escuchar a otros decirme algunas de las historias más dolorosas y trágicas que jamás podrías escuchar.

¿Por qué te digo esto? Para que sepas que, aunque las personas no *te* hablan de sus luchas en esta área, definitivamente sí me las dicen a *mí*, y no quiero que desconozcas aquellas cosas con las que pueden estar luchando a diario quienes te rodean.

Una de las razones por las que he escrito este libro es para traer a la luz las verdaderas luchas de los demás. Espero aumentar tu consciencia de lo que sucede al interior de los que te rodean, de modo que cuando *hables* sobre este problema, puedas hablar de una forma que *anime a las personas y no que las haga sentir, peor*, así nunca te revelen sus propias atracciones hacia el mismo sexo.

No te sientas mal si hasta este punto no has sido consciente de cuántas personas a tu alrededor están experimentando atracciones hacia el mismo sexo. He conocido a algunos de los cristianos más sinceros, compasivos y de buen corazón que sencillamente no lo perciben tampoco.

Hace poco estaba preparándome para dar una charla a un grupo de unos 300 jóvenes en una iglesia. Cuando me encontré en un café con una mujer que asistía a esa iglesia, y le mencioné que estaba preparando una charla sobre ese tema ella me dijo: "ah, ¡tú crees que algunos de los chicos de ese grupo están luchando con esto?"

Casi me ahogo con el emparedado que estaba comiendo cuando la escuché decir eso. Por la cantidad de grupos a los que me he dirigido, así sean de 10, 20 o 30 personas, al menos una porción de ese grupo está luchando con atracciones hacia el mismo sexo, o saben de alguien muy cercano a ellos que tiene esa lucha, mucho más en un grupo de *300* jóvenes cuyas hormonas corren sin control, así como las preguntas que pasan por sus cabezas. Se preguntan si sus atracciones significan que son gays. Se preguntan qué pensarán los demás de ellos si descubren sus atracciones. Se preguntan si deberían invitar a salir a una chica o a un chico, o solo quedarse llorando en casa.

Al sacar esta realidad a la luz, de ninguna manera estoy culpando a nadie por no darse cuenta de que este problema afecta a más personas de las que creen. *¡Es por eso que comparto esto contigo!*

Quiero que lo sepas, porque si no lo sabes, no podrás ayudar, al menos no como creo que quieres hacerlo, (que es la razón por la cual estás leyendo este libro).

LLANTOS SILENCIOSOS

Quizás hayas observado que algunas personas llevan en sus mangas sus preferencias sexuales, ya sea para llamar la atención hacia sí mismos, o para anunciar su disponibilidad, o solo porque ya no les importa lo que otros piensen. Algunos son "abiertos y ruidosos" y a veces llaman toda la atención.

Sin embargo, es probable que *muchas* más personas nunca le digan a nadie de sus atracciones hacia el mismo sexo. Es decir que nunca le dirán a nadie a menos que sientan que han encontrado a alguien en quien pueden confiar por completo, alguien que los *apoye*, que se interese lo suficiente por ellos al punto de caminar a su lado en medio de sus luchas. E incluso si tienen a una persona así, quizás tomen *años* para tener la libertad de hablar al respecto.

He tenido amigos con quienes me he relacionado por más de una década, amigos con quienes he compartido mi testimonio, con quienes hemos hablado de algunos de los pensamientos y sentimientos más preciosos e íntimos, y que sólo después de tanto tiempo finalmente me han confesado que han tenido los mismos sentimientos y atracciones hacia otras personas.

Quizás la vergüenza, el temor, o su incertidumbre respecto a qué hacer con esos sentimientos, nunca les dieron la libertad para hablar con nadie respecto a sus atracciones, ni siquiera conmigo, sólo hasta cuando llegaron a un punto máximo donde la ayuda era más necesaria que su necesidad de mantener el secreto.

Incluso para mí, tras haber compartido mi testimonio tantas veces a lo largo de los años en charlas, libros y artículos, sigue siendo difícil admitir que fui gay. Ser gay conlleva ciertas connotaciones con las que nunca quise que me asociaran.

Sin embargo, basado en lo que he hecho y las atracciones que he sentido, debo admitir que fui gay. Y, según las definiciones del diccionario, donde lo único que se necesita es experimentar un sentimiento de atracción hacia alguien de mi mismo sexo, yo sin duda lo era. Incluso después de tantos años, no me gusta admitirlo.

EN UNA ESCALA DE 0 A 10

También creo que es importante compartir contigo que los términos "gay" y "heterosexual" no son tan estrictos como puedes pensar, (con estricto quiero decir que el uno o el otro son excluyentes).

Una de las observaciones más importantes que he hecho a raíz de mis conversaciones con quienes experimentan atracciones hacia el mismo sexo, es que sus atracciones no solo varían en el *grado* en el que se sienten atraídos hacia una u otra persona, sino también en la *mezcla* de atracciones que sienten hacia los miembros de ambos sexos.

He encontrado que esto es cierto en tantos casos que cuando estoy ayudando a otros a pensar en sus atracciones sexuales, a menudo les pregunto en qué punto de una escala de 0 a 10 se pondrían, donde 0 significa que solo se sienten atraídos hacia personas de su mismo sexo y 10 significa que sólo sienten atracción hacia personas del sexo opuesto. Rara vez alguien con atracciones hacia el mismo sexo se ha puesto en el punto 0 de la escala, lo cual significa que *nunca* han sentido alguna atracción hacia una persona del sexo opuesto.

E incluso en esos casos poco comunes donde alguien *sí* se ha puesto en el punto 0, me han dicho que no ha sido así siempre.

Un buen amigo mío me dijo que se habría puesto en 0 durante sus primeros *33 años* de vida. En todos esos 33 años, nunca, ni una sola vez, jamás, había sentido alguna atracción sexual hacia una mujer.

Sin embargo, un día, estando sentado en una playa con una amiga, ¡de repente pasó de 0 a 10! ¡Fue un momento decisivo para él que cambió el curso para el resto de su vida!

Mi amigo quedó completamente asombrado. Nunca había experimentado algo así, ¡y no sabía *qué* pensar al respecto! Toda su mentalidad cambió aquel día, y pocos años después se casó con una mujer que también cambió su posición en la escala de 0 a 10 cuando se conocieron. Mi amigo y su esposa ya tienen veinte años de casados y tienen dos hijos.

Aunque esta historia puede ser más extrema que otras que he escuchado, donde han pasado años sin sentir una atracción hacia el sexo opuesto, esto indica el hecho de que las atracciones de las personas pueden cambiar, y de hecho así sucede, incluso después de periodos muy largos, no solo *dentro* de las categorías de gays o heterosexuales, sino *entre* esas dos categorías.

Según mi propia experiencia y las de las personas con quienes he hablado, la mayoría de los que se sienten atraídos hacia el mismo sexo tienen una mezcla de atracciones, y no están en un extremo u otro del espectro. Y, como lo mencioné antes, incluso *esas* atracciones varían mucho dependiendo de las personas en particular hacia las que sienten o no alguna atracción.

Gracias a los cientos de conversaciones que he tenido, para mí es claro que las atracciones sexuales son complejas, varían mucho, y siempre están cambiando, todavía veo que muchos consideran la orientación sexual como algo rígido y fijo: que se es gay, heterosexual o bisexual. (Y si vas a incluir el bisexualismo en la lista de categorías, y tienes en cuenta que las personas tienen grados variables de atracción *dentro* de cada una de estas categorías, entonces en realidad estás hablando de *todo el espectro* de atracciones de 0 a 10).

CONVERSACIONES CONFUSAS

Esto nos lleva de vuelta a la idea de que la orientación sexual no es tan polarizada como muchos tienen a creer, sino que más bien se da como un proceso continuo. Estas conclusiones han conducido a conversaciones muy confusas con personas que insisten en usar las categorías, bueno, queriendo decir de manera *categórica* algo "inequívocamente explícito y directo".

En una de esas conversaciones, un hombre que había leído mi historia sobre las relaciones sexuales que había tenido con hombres en el pasado, me envió un correo electrónico.

Fue muy amable, pero en medio de su nota escribió: "si ha tenido relaciones sexuales con un hombre, usted es gay, solo admítalo".

Al responderle, traté de ser lo más amable al decirle: "pero también he tenido relaciones sexuales con una mujer de manera regular por más de 20 años, y nunca más volví a tener relaciones sexuales con otro hombre, así que me pregunto ¿eso qué me hace?"

A lo cual él respondió que yo seguía siendo gay y que sólo estaba reprimiéndolo. Otros han insinuado que yo nunca fui gay y que solo estaba experimentando. Sin embargo, otros han dicho que debo ser bisexual porque me siento contento con cualquiera de los extremos, lo cual, por cierto, parece ir contra el argumento que afirma que las personas *no pueden* moverse de un extremo al otro del espectro.

Otra persona me escribió diciendo que no creía que alguien podía pasar de sentir atracción hacia su mismo sexo para sentirse atraído hacia el sexo opuesto.

Ella dijo que, aunque nunca había tenido relaciones sexuales con nadie, *sabía* que era lesbiana y nunca iba a poder cambiarlo.

Después de relatarle mi historia con más detalles, su conclusión fue: "Bueno, si ahora te gusta tener relaciones sexuales con tu esposa, entonces quizás nunca fuiste gay".

Esto venía de una mujer que nunca en su vida había tenido un encuentro sexual con otra mujer, sin embargo, se consideraba lesbiana y sin posibilidad de cambiar su condición. Pero también concluyó que yo, que *había* estado involucrado íntimamente con muchos hombres por muchos años, *en realidad* nunca había sido gay, porque ahora estaba completamente enamorado con una mujer más allá de mis sueños.

Conversaciones como estas a veces me son confusas, y otras hacen enojar a las personas con quienes hablo, porque la realidad de lo que les presento no coincide con la pseudo-realidad que han creado en sus propias mentes. (Y eso me hace pensar, de nuevo, en el hombre que creía que estaba muerto, pero que, después de pincharse el dedo y ver que sangraba, dijo: "¡adivina! ¡Los hombres muertos *sí* sangran!")

La verdad es que muchas personas avanzan en medio de esto con sus *sentimientos*, en lugar de hacerlo con sus *pensamientos*.

¿Qué tan heterosexual se debe ser para ser considerado heterosexual, o qué tan gay se debe ser para ser considerado gay, o qué tan cerca al centro hay que estar para ser considerado bisexual?

Aunque estas categorías pueden ser útiles para generalizar los sentimientos de atracción de las personas, no son muy útiles para describir el hecho de que nuestros sentimientos y atracciones pueden moverse, y de hecho lo hacen de manera continua, basándose en múltiples elementos, en diferentes momentos y en respuesta a diferentes personas en diversos grados.

El verdadero cambio en nuestras vidas no sólo es posible, sino que en la Biblia lo fomenta con mucho énfasis en versículos como este: "No os conforméis a este siglo, sino transformaos por medio de la renovación de vuestro entendimiento, para que comprobéis cuál sea la buena voluntad de Dios, agradable y perfecta" (Romanos 12:2) Y si el único órgano sexual de mayor importancia en el cuerpo es la mente, ¡este versículo puede ser de gran esperanza a quienes esperan una verdadera transformación.

He visto transformaciones dramáticas, tanto en mi propia vida como en las de muchas personas que he tenido el gusto de conocer en persona, cambios en cuanto a este tema que se han dado en los corazones y mentes de muchos. He visto cómo personas pasan de un extremo al otro del espectro, a menudo de maneras que han traído gozo y plenitud duraderos mucho más allá de lo que *cualquiera* podría imaginar.

En el siguiente capítulo compartiré cómo se dio ese cambio en mi propia vida.

Guía de estudio para los capítulos 3 y 4

GUÍA DE ESTUDIO PARA EL CAPÍTULO 3: "ALGUNAS PALABRAS SOBRE ATRACCIONES"

Resumen del Capítulo

Todos tenemos atracciones fuertes, pero no podemos asumir que Dios quiere que "persigamos" todas aquellas personas hacia quienes nos sentimos atraídos.

- Jacob amaba a Raquel y eso terminó bien (Génesis 28-30),
- David amó a Betsabé y varias personas terminaron muertas (2 Samuel 11-12),
- y Amón amó a Tamar y terminó asesinado (2 Samuel 13).

Dios quiere que dirijamos nuestras atracciones hacia los propósitos para los que nos las dio.

Algunas personas se preguntan si las atracciones pueden cambiar. El autor comparte varias historias de personas que:

- han estado enamoradas, pero luego han "perdido ese sentimiento de amor",
- han sido solo amigos, para luego encontrar que "hay algo que no sentían antes",
- y han estado en relaciones homosexuales, pero luego se han enamorado y casado con alguien del sexo opuesto.

Las atracciones de las personas pueden cambiar, y cambian, a veces de manera significativa. Todos tenemos necesidades válidas, pero Dios quiere que satisfagamos esas necesidades válidas de manera válida.

Preguntas de Reflexión y Discusión

Lee Génesis 29:17-20 (o toda la historia de los capítulos 28-30), 2 Samuel 11:2-4 (o toda la historia de los capítulos 11 al 12), y 2 Samuel 13:1-2 (o toda la historia del capítulo 13). ¿Por qué cada una de estas tres historias, que tratan de atracciones fuertes, terminó tan diferente?

¿Por qué algunas personas sienten una fuerte atracción hacia ciertos atributos o características, cuando otras no se sienten atraídas a esos atributos o características? ¿Qué elementos pueden influir en dichas atracciones o la carencia de las mismas?

¿Alguna vez has tenido una fuerte atracción hacia alguien hasta cuando llegaste a conocer mejor a esa persona, o, por el contrario, no has sentido una fuerte atracción hacia alguien hasta cuando lo conociste mejor?

¿Qué elementos pueden cambiar las atracciones que alguien siente hacia los demás? ¿Por qué las personas a veces "pierden ese sentimiento de amor" y en otros momentos encuentran que "hay algo que no sentían antes"?

Lee Romanos 2:14-15. ¿Qué función cumplen nuestras consciencias en las decisiones que tomamos? ¿Cómo puede alguien "conocer" lo que Dios quiere que hagan, incluso si nunca han leído la Biblia?

Algunas personas saben con precisión qué dio origen a sus atracciones hacia los de su mismo sexo, o su rechazo hacia los del sexo opuesto. ¿Eres consciente de algún incidente o evento en particular que pueda haber influido en ti o en alguien que amas? Si ese es el caso,

¿podría otro evento o incidente positivo hacer que esas atracciones cambien de nuevo en la dirección opuesta?

¿Qué opinas sobre la siguiente afirmación?: "Se ha dicho que el único órgano sexual de mayor importancia en el cuerpo es la *mente*".

¿Alguna vez has notado que tú o alguien que conoces ha sido como el hombre afroamericano descrito en este capítulo, que solo se sentía atraído hacia rasgos muy particulares en una persona? ¿Qué funciones consideras que la naturaleza, la crianza y las experiencias de vida pueden tener en dichas atracciones?

¿Alguna vez has experimentado atracciones difíciles de contener, sin importar cuánto te hayas esforzado? O, por el contrario, ¿has tenido atracciones difíciles de reencender, así lo hayas intentado mucho?

¿Por qué el autor cree que se vio inclinado a tener relaciones con los del mismo sexo? ¿Qué opinas sobre la idea de que los hombres con atracciones hacia el mismo sexo no suelen tener problemas en sus relaciones con las mujeres, pero sí en sus relaciones con hombres?

Si las personas creen que está mal negar las atracciones fuertes que sienten en su interior, ¿qué deberían hacer los que se casan y siguen teniendo esas atracciones hacia personas diferentes a su cónyuge? ¿Cuáles son algunas de las razones por las que Dios puede *querer* que neguemos nuestras atracciones, sin importar lo fuertes que sean?

GUÍA DE ESTUDIO PARA EL CAPÍTULO 4: "ALGUNAS PALABRAS ACERCA DE SER GAY"

RESUMEN DEL CAPÍTULO

El autor comparte tres aspectos acerca de ser gay:
- ser gay implica *sentimientos* de atracción hacia las personas del mismo sexo, ya sea que esos sentimientos sean sexuales, románticos o emocionales,
- y como esos sentimientos se dan en el corazón y la mente, no hay manera de identificar a alguien como gay a menos que lo revele de manera expresa en sus palabras o acciones,
- como tal, muchas más personas pueden estar luchando con atracciones hacia el mismo sexo sin que nadie lo sepa.

Por eso es tan importante que cuidemos nuestras palabras, porque incluso las personas más cercanas a nosotros pueden estar experimentando atracciones hacia el mismo sexo y están escuchando lo que decimos y las actitudes de nuestros corazones.

El autor afirma que la mayoría de personas con atracciones hacia el mismo sexo con quienes ha hablado, han tenido una *mezcla* de atracciones hacia hombres y mujeres. Él añade:
- aunque la gente suele usar los términos gay, heterosexual o bisexual, la realidad muestra que los sentimientos hacia los del mismo sexo o del sexo opuesto se graficarían mejor en una línea continua, que de manera categórica en uno u otro extremo, o en el medio,
- muy pocos de los cientos de personas con quienes ha hablado personalmente acerca de sus atracciones hacia el mismo sexo han dicho que ese ha sido el único tipo de atracción que han sentido
- y gracias a estos factores, muchas más personas de las que se pueden determinar podrían ser identificadas como gays.

El verdadero cambio en *todas* las áreas de nuestras vidas no sólo es posible, sino que en la Biblia se lo anima con mucho énfasis en versículos como este: "No os conforméis a este siglo, sino transformaos por medio de la renovación de vuestro entendimiento, para que comprobéis cuál sea la buena voluntad de Dios, agradable y perfecta" (Romanos 12:2)

El autor dice que ha visto y experimentado muchas transformaciones como esas, donde las personas han pasado de un extremo del espectro al otro, a menudo de maneras que han traído gozo y plenitud duraderos mucho más allá de lo que *cualquiera* podría imaginar.

PREGUNTAS DE REFLEXIÓN Y DISCUSIÓN

Lee 1 Samuel 16:7. ¿Por qué las cuestiones del corazón son tan difíciles de leer en otra persona? Dado que ser gay consiste más en *sentimientos* de atracción que en alguna característica física, ¿cuál es la única forma de decir si alguien está experimentando atracciones hacia el mismo sexo o no?

Lee Romanos 2:1-2. ¿Según estos versículos, qué se necesita para ser transformados? Dado que algunas personas dicen que la mente es el órgano sexual más poderoso en el cuerpo, ¿qué otras cosas dicen estos versículos acerca de nuestra capacidad de transformar los deseos sexuales?

¿Te sorprende escuchar que muy pocos gays se sienten atraídos *solamente* hacia los de su mismo sexo, sino que tienen una *mezcla* de atracciones hacia ambos sexos? ¿Por qué sí o por qué no? ¿De qué manera esta información cambia tu perspectiva en cuanto a si los gays pueden "cambiar" sus atracciones hacia uno u otro sexo?

Si tú o alguien que conoces experimenta atracciones hacia el mismo sexo, ¿dónde te pondrías a ti mismo o a esa persona que conoces, en la escala de atracciones de 0 a 10, donde 0 es atracción únicamente hacia los del mismo sexo y 10 es atracción únicamente hacia los del sexo opuesto? (¡No tienes que responder en voz alta!) ¿De qué forma esta información puede ser útil para otros al pensar detenidamente en este tema?

Dado que las atracciones hacia el mismo sexo se dan en los corazones y mentes de los que las experimentan, ¿qué tan probable es que las personas que te rodean estén experimentando esos sentimientos sin que ni siquiera seas consciente de ello? ¿Cómo el saber esto, afecta lo que dices o haces alrededor de los demás?

¿Por qué puede ser más fácil para alguien hablar de sus atracciones hacia el mismo sexo con ciertas personas y no con otras? Si de verdad quieres ayudar a otros en este aspecto, ¿qué podrías decir o hacer para animar a que te compartan con más libertad acerca de sus atracciones, sin tener que respaldar la homosexualidad?

Después de haber leído en este libro la historia del autor y de otras personas, incluyendo la del hombre que nunca había sentido atracción hacia alguien del sexo opuesto hasta cuando cumplió 33 años, ¿qué puedes decirle a alguien que considera imposible que sus sentimientos de atracción hacia los del sexo opuesto puedan cambiar *alguna vez*?

Dado que has aprendido que la mayoría de personas que tienen atracciones hacia el mismo sexo, en algún grado también sienten atracciones hacia el mismo sexo, ¿esto quiere decir que una persona debe ser gay si ha tenido relaciones sexuales con alguien del mismo sexo? Y si esa persona ha tenido relaciones sexuales con alguien del sexo opuesto, ¿esto quiere decir que debe ser heterosexual? Aunque las palabras gay, heterosexual y bisexual pueden ser útiles como categorías amplias, ¿por qué son términos que a veces complican más las cosas en lugar de ayudar en discusiones acerca de este tema?

Capítulo 5:

El valor de un amigo amoroso

---◆---

Donde comparto cómo salí de la homosexualidad, cómo mis atracciones cambiaron con el paso del tiempo, y el valor de un amigo amoroso.

---◆---

Si localizara mis propias atracciones en una escala de 0 a 10, donde 0 significa que sólo siento atracción hacia hombres, y 10 indica que mi atracción es sólo hacia mujeres, me pondría en algún punto entre esos dos extremos, dependiendo de las diferentes épocas de mi vida. Aunque hay puntos específicos que a veces han cambiado de un extremo a otro, siempre he tenido una mezcla de atracciones.

Encuentro que me siento atraído hacia las *personas* sin importar su género. El peligro para mí y para todos nosotros, sin importar nuestra posición en esa escala, surge cuando nuestras atracciones se hacen románticas o sexuales.

Todos nos sentimos "atraídos" hacia ciertas personas, ya sean estrellas de cine, un vecino o vecina, algún compañero de trabajo o amigos en la iglesia. Nuestras atracciones no son el problema. El problema es cuando esas atracciones se vuelven románticas o sexuales, algo que Dios ha reservado sólo para disfrutarlo dentro de Sus límites bien definidos.

Durante la secundaria, yo habría ubicado mis atracciones en un punto de la escala entre un firme 7 u 8. Me sentía atraído hacia las mujeres. Me gustaba estar cerca de ellas, me parecía fácil conversar con ellas, y como lo mencioné antes, mis mejores amistades solían ser con mujeres.

Sin embargo, también me veía atraído hacia hombres, aunque a un grado mucho menor. Los hombres me parecían misteriosos e intrigantes. Me sentía atraído hacia los que eran bien parecidos o talentosos. Y de vez en cuando tenía pensamientos sexuales con hombres. En general, deseaba haber sido su amigo.

Pero la idea de tener una *relación romántica o sexual* con un hombre no era una opción, ni en mi mente ni en la realidad.

Si sentía que la intimidad sexual con una mujer antes del matrimonio no era algo correcto, como lo mencioné en el capítulo 3, entonces la intimidad sexual con un hombre parecía mucho menos conveniente.

En esa época tampoco conocía a nadie que fuera gay, o por lo menos no conocía a personas que admitieran que lo eran. De hecho, tiempo después me enteré de que algunos de mis amigos de secundaria habían tenido relaciones homosexuales durante esos años.

Sin duda, nunca hablé de mis sentimientos de atracción hacia los hombres. Aunque estaban ahí, no eran sentimientos significativos. Sentía que no podía hacer nada con ellos, así quisiera.

UN CAMBIO REPENTINO

Cuando me mudé a la universidad, y mi novia y yo tomamos caminos diferentes, seguí sintiéndome muy atraído hacia las mujeres. Salí con muchas chicas, y no fueron pocas las increíbles noches que pasé besándome con ellas en el patio, anotando luego en mis diarios cosas como esta: "¡Podría pasar toda la noche besándola!"

Mis atracciones comenzaron a cambiar en el verano después del primer año de estudios. Había comenzado a hacer amistad con unos chicos del campus que parecían tener un interés genuino en mi vida.

Cuando algunos de ellos quisieron llevar nuestra amistad a otro nivel, las barreras que tenía terminaron cayendo. No me resistí.

Mis atracciones y deseos cambiaron rápidamente al otro extremo de la escala. Los sentimientos de esa época los pondría en un firme 2 o 3.

Debido a que esas relaciones con hombres fueron mis primeras relaciones sexuales, y como ellos satisfacían en mi vida una necesidad válida de amistades masculinas cercanas, comencé a buscar más amistades como esas. Era como si la fuerza gravitacional sobre mis deseos hubiera cambiado y mi brújula ahora apuntara en la dirección opuesta.

Todavía sentía atracción hacia las mujeres, y seguía disfrutando de algunas amistades con ellas. Pero como estaba encontrando hombres que por primera vez satisfacían algunas de mis necesidades más profundas, esas relaciones terminaron siendo más y más tentadoras.

Fue ahí cuando comencé a preguntarme si lo que mis amigos gays decían era verdad: "Una vez gay, siempre gay, Eric". Parecía que tenían razón, y sus propias experiencias sexuales parecían indicar que esa había su experiencia genuina.

Aunque mis amigos gays me dijeran esto con motivaciones menos genuinas en mente, ya fuera para justificar sus propias acciones o mantenerme por un poco más de tiempo dentro de su círculo de amigos íntimos, tuve que preguntarme si era verdad lo que decían respecto a "una vez gay, siempre gay".

Como nunca había tenido intimidad sexual con una mujer, me preguntaba cómo podría saberlo, a menos que también tuviera relaciones sexuales con una mujer. Así que consideré probar, solo para ver. Pensé que una amiga podría estar dispuesta a intentarlo conmigo y se lo propuse, pero, ahora que lo recuerdo, afortunadamente esa puerta se cerró.

Tras escuchar por años a varios hombres que han intentado tener sexo con una mujer sólo para ver si les gusta, en lugar de buscar amor genuino y profundo hacia esa mujer, he aprendido que ese tipo de intentos a menudo fracasarán, por obvias razones.

El sexo es una maravillosa *extensión* de la intimidad, pero nunca tendrá comparación si se lo toma como *sustituto*.

Sin saber qué más hacer, seguí haciendo lo que estaba haciendo. Me involucré con otro hombre del campus y comencé a disfrutar a fondo nuestra cercana amistad.

La homosexualidad estaba satisfaciendo una profunda necesidad en mi vida, y tenía los beneficios adicionales de permitirme tener relaciones sexuales sin el temor a un embarazo, y, al menos desde mi punto de vista, no tenía que pensar en que la relación alguna vez pasara a ser una de largo plazo. Eso sencillamente no estaba en mi radar.

El matrimonio gay no era una opción legal en ninguna parte del mundo (y no se iba a legalizar en *ningún* país por otros 17 años), y tener una relación *abiertamente* homosexual no era una opción para mí. No veía cómo podría enfrentar el ridículo.

Ni siquiera pensé en el temor de contraer una enfermedad de transmisión sexual. Aunque no lo creas, el SIDA no se había identificado cuando me inicié en la homosexualidad. Tres meses *después* de mi primera relación homosexual se acuño el término SIDA para describir esta "nueva" enfermedad que en ese tiempo estaba afectando casi exclusivamente a hombres gays, o a los que habían tenido contacto con sangre de hombres homosexuales.

Considerándolo todo, la homosexualidad parecía ser, al menos para mí, una experiencia libre de riesgos, con poco compromiso y muy gratificante. Me encantó. De verdad. Aunque no lo consideré como una opción a largo plazo para toda la vida, estaba disfrutándolo tanto que no pensé mucho en buscar una alternativa.

Así que no lo consideré mucho más hasta cuando tuve mi propio "encuentro de playa", como el encuentro en la playa de mi amigo que mencioné antes, solo que el mío fue con la mujer que tiempo después llegó a ser mi esposa.

MI SALIDA DE LA HOMOSEXUALIDAD

Había conocido a Lana más o menos un año antes en una fraternidad de negocios profesionales de la universidad. Ella era tierna y divertida, incluso una noche la acompañé caminando hasta su casa, después de haber pasado todo el día juntos en una salida de campo a otra ciudad con nuestra fraternidad de negocios profesionales.

Esa noche le di un beso de buenas noches en la puerta de su apartamento. En mi diario escribí sobre ese maravilloso día y el beso en la noche, y añadí estas palabras al final: "Pero no creo que de esto salga mucho".

Y en efecto así fue. Al menos, no hasta un año después cuando comencé a hablar con Lana acerca de un viaje en auto que estaba planeando hacer hacia la Costa Este. Sabía que a ella le gustaba mucho viajar, así que le pregunté si le gustaría venir conmigo. Ella dijo que le encantaría. Yo la invité sólo como un amigo, nada más, porque yo ya estaba saliendo con otro hombre (algo que ni ella ni nadie más sabía).

¡Lo que no sabía cuando la invité a ese viaje, es que el año anterior, la noche cuando le di el beso de buenas noches a la puerta de su departamento, ella le escribió una carta a su mejor amiga, diciéndole que acababa de conocer al hombre con el que se iba a casar! Desde luego, Lana no *me* dijo eso, no en ese entonces, claro está, ¡ni siquiera lo hizo hasta después que nos casamos! Ella lo compartió con su amiga y nadie más, guardándolo en su corazón todo el tiempo.

Cuando emprendimos ese viaje hacia la Costa Este, yo no tenía en mente ninguna relación romántica o sexual con ella.

Pero una noche, mientras caminábamos por la playa y hablábamos de amor y romance en general (yo nunca le había hablado a ella acerca de mis atracciones hacia el mismo sexo), nos sentamos y disfrutamos de una botella de vino blanco. Quizás fue la luna y las estrellas, o el vino y las olas, o lo exquisitos que se veían sus labios, no lo sé, pero me incliné y la besé.

Y ella también me besó.

¡En ese momento algo sucedió que movió mi escala de un 2 o 3 a un 10! Como lo dice una frase en una canción de *La Bella y la Bestia*, de repente surgió "algo que no hubo antes".

Cuando alguien me pregunta si las atracciones pueden cambiar, no dudo al decir "¡Sí! ¡Claro que sí!"

Comenzamos ese viaje como amigos, pero volvimos a casa como algo mucho, mucho más. Nunca antes en mi vida había experimentado esa clase de amor, esa clase de emoción, esa clase de atracción, hacia hombres o mujeres. Era algo fuera de serie.

Cuando volví a casa después de ese viaje, enfrenté un dilema. Seguía disfrutando mucho de mi amistad cercana con este chico con quien estaba saliendo, pero ahora estaba de cabeza enamorado de Lana. Hice lo que los demás hacen cuando se encuentran en ese dilema y no saben qué hacer, seguí saliendo con los dos. Cuando estaba con mi amigo gay, disfrutaba mucho nuestra vida de gays. Cuando estaba con Lana, disfrutaba mucho nuestra vida heterosexual.

Las semanas fueron pasando y llegué a tener más y más conflictos en mis pensamientos y sentimientos. Sabía que no podía seguir en dos direcciones tan opuestas sin destruirme a mí mismo, y los más probable es que a ellos también.

Además del dilema de salir con dos personas al mismo tiempo, lo cual estaba mal en sí mismo, tenía el dilema adicional de preguntarme si debía "seguir" la vida homosexual, o tratar de "seguir" la vida heterosexual. Ambas opciones ofrecían algo real, profundo y satisfactorio, pero sabía que no podía tener ambas cosas para siempre.

También sabía que mi dilema iba más allá de decidir entre las dos personalidades de las dos personas involucradas, involucraba decidir qué camino iba a seguir en la vida.

Estaba destrozado por completo. Sentía que no podía hablar con nadie al respecto. Mis amigos heterosexuales no sabían de mi vida gay, y mis amigos gays eran muy claros en decir "una vez gay, siempre gay".

Quisiera poder describir la angustia real que sentía al tener que tomar una decisión tan importante. Al mismo tiempo me alegra *no poder* describírtelo, porque en una sola palabra, era *insoportable*.

No quería renunciar a las amistades significativas que estaba disfrutando con mis amigos varones después de haber esperado tanto para experimentar un compañerismo genuino como ese. Pero tampoco quería seguir en una dirección que evidentemente no me iba a llevar a donde yo quería llegar.

Cuando miraba hacia mi futuro, *de verdad* esperaba algún día tener esposa e hijos, y esperaba tener una relación abierta, sin secretos, para poder hablarles a los demás acerca de la persona más maravillosa en mi vida. (Al recordar esa decisión hoy, entiendo que algunos de esos factores que me preocupaban en ese entonces ya no existen, al menos no en la misma medida, pero en ese momento eran razones muy presentes en mi mente. Otras razones me han impedido volver a la homosexualidad desde entonces, como lo comparto en los Capítulos 9 y 11).

Sabía que esa era una decisión que impactaría el curso del resto de mi vida. En el centro de mi ser, sólo podía ver un camino que me llevaría a donde quería ir.

MI DECISIÓN

Tomé mi decisión después de varias semanas de luchas y conflictos en mis pensamientos, deseos y emociones. Ahora debía comunicarlo a las dos personas que más me importaban en el mundo. Se lo dije primero a mi amigo gay, quien lo tomó mal, pero lo había visto venir. Él sabía que tenía sentimientos hacia Lana desde que habíamos hecho el viaje a la Costa Este.

También sabía que luchaba con el concepto de "una vez gay, siempre gay", y si en realidad era verdad o no. Aunque fue difícil para él, no trató de impedir que hiciera lo que para él era evidente que había en mi corazón.

Yo sabía que era una decisión trascendental, pero en ese momento no sabía que al decirle adiós esa noche, le estaría diciendo adiós a la última relación gay de mi vida.

Sabía que al día siguiente tenía que comunicarle a Lana la decisión que había tomado, lo cual también significaba tener que confesarle mis atracciones hacia el mismo sexo, y el hecho de que había estado saliendo con un hombre al mismo tiempo que había salido con ella.

Sabía que iba a ser una conversación muy difícil, y no tenía idea de cuál sería su reacción. No podía saber si ella *estaría dispuesta* a seguir saliendo conmigo después de lo que estaba por decirle.

Aunque sentía que tenía mucho que perder al confesarle esto, no podía imaginar tratar de construir una relación futura con ella sin hablarle acerca de este profundo y oscuro secreto en mi vida. Me parecía justo para ella, y si trataba de mantener ese secreto terminaría destrozándome.

Llamé a Lana y le pregunté si podíamos encontrarnos para hablar sobre algo que había en mi corazón. Aquella noche, con varios intentos fallidos y muchos bocados atascándose en mi garganta, por primera vez en la vida le hablé acerca de mis atracciones hacia los hombres, mis temores de lo que eso podía significar para mi vida, y el hecho de que había estado involucrado activamente con un hombre hasta el día anterior.

LA RESPUESTA DE LANA

La respuesta de Lana me sorprendió. De hecho, me dijo: "Eric, te amo. Siempre te he amado. Y también caminaré a tu lado en medio de esto".

Nunca en la vida, ni aquel día, ni ningún otro día después de ese evento, sentí algo que no fuera el amor de Lana hacia mí con respecto a mis luchas con la homosexualidad. Nunca me sentí juzgado, menospreciado, sino apoyado y animado.

No sé cómo lo hizo, y tampoco sé cómo decirle a alguien más cómo hacer lo que ella hizo. Todo lo que sé es que su respuesta aquella noche, y su manera de responder de ahí en adelante cada vez que el tema surgía, me dio el valor y la confianza para saber que podía hacerlo, para seguir en una relación con ella que fue plena y completa, sin carencia de nada.

Su respuesta fue la expresión de amor más extravagante que alguna vez sentí en mi vida hasta ese punto.

Quizás pienses; "yo nunca habría podido reaccionar como Lana. Después de haber escuchado lo que tenías para decir, habría quedado marcado si hubiese estado en su lugar". Créeme, yo habría pensado lo mismo. Pero para Lana, su respuesta fue tan natural como respirar.

Quizás influyó el hecho de que ella creía que Dios le había hablado aquella primera noche cuando le di un beso de buenas noches y le dijo a su amiga que acababa de conocer al hombre con quien se iba a casar.

Después de casarnos, cuando me reveló lo que Dios le había dicho aquella noche, me dijo que sentía que *debía* haber sido Él quien le dijo eso por las palabras que vinieron a su cabeza: "Ese es el hombre con quien *te vas* a casar".

Si hubiesen sido sus propios pensamientos, dijo, habría sonado algo como: "Ese es el hombre con el que *me voy* a casar". Ella no dudaba que Dios le había hablado esa noche, y ella confió en esas palabras desde ese momento, incluso cuando, parecía que nunca se iba a casar conmigo.

Permíteme reiterar cuánto me abrumó la respuesta de Lana. Yo estaba en un punto muy frágil. Había estado luchando tan intensamente con mis sentimientos respecto a la decisión monumental que estaba tratando de tomar, que lo que dijo y lo que no dijo trajo calma a mi alma de una forma que nunca había imaginado.

Lana era la clase de amiga que necesitaba en esa crítica coyuntura de mi vida, y siguió siendo esa clase de amiga durante el resto de su vida. Sé que no todos tendrán las mismas razones de Lana para amar a sus amigos y familiares gays. Sin duda, ella sólo tenía un papel que jugar en mi vida.

Pero lo que me fascinó de su respuesta es algo que se puede aplicar a *cualquier persona*: Lana no permitió que la confusión que había en *mi* mente le impidiera verme como la persona que *ella* creía que era. Ella me amaba. Ella me veía como un hombre, completamente heterosexual, y capaz de llegar a ser el esposo y padre que tiempo después fui. (En su caso, ¡*su* esposo y el padre de *sus* hijos!)

Esto es lo mismo que tú puedes hacer por tus amigos y familiares que luchan con atracciones hacia el mismo sexo: no dejes que la confusión que haya en sus mentes te impida verlos como las personas que crees que son y que Dios creó para que fueran.

Aunque algunas personas pueden ofenderse con una afirmación como esta, no debería ser así. A veces otras personas pueden ver en nosotros lo que nosotros mismos no podemos ver.

TU RESPUESTA

Quizás no te sientas calificado para ser esa clase de persona en las vidas de tus amigos o familiares. De ser así, permíteme añadir en este punto que Lana no tenía ningún don o llamado particular para servir a personas que lucharan con atracciones hacia el mismo sexo. Ella nunca supo ni sospechó que yo había tenido alguna atracción hacia mí mismo sexo hasta cuando yo se lo dije.

Lana no tenía un "corazón" especial hacia los gays, y nunca se había sentido atraída hacia su mismo sexo. Ella simplemente me amaba.

Quizás pienses que no tienes nada que ofrecerle a alguien que tenga ese tipo de atracciones, ¡pero eso está *muy lejos de la verdad*! Si amas a alguien, si te interesa su vida, ¡tienes un gran tesoro que ofrecer a esa persona! No necesitas haber pasado por lo que ellos han pasado para poder ser de gran bendición a sus vidas. Ni siquiera tienes que tratar de "meterte en su piel" por uno o dos días para sentir lo que ellos sienten. ¡Solo tienes que amarlos!

De hecho, es posible que te repugne la idea de la atracción hacia el mismo sexo. Quizás sea algo muy ajeno para ti como lo era para Lana.

Si ese es tu caso, ¡permíteme decir primero que creo que eso está bien! Hubo una época cuando la idea también me repugnaba, y también creo que eso estaba bien. De hecho, por un tiempo la idea del sexo en general me repugnaba, ¡y creo que *eso* está bien!

¿Por qué creo que está bien? Porque, así como nuestras atracciones nos pueden ser útiles en los contextos correctos, nuestras repulsiones también nos pueden servir bien en los contextos correctos.

Por ejemplo, creo que todos estamos programados con cierto rechazo a la idea del sexo cuando somos niños. Si alguna vez has visto a niños viendo a una pareja besarse en televisión o en persona, por lo general su reacción es de mirar hacia otra parte y decir "¡guácala! No quiero hacer eso nunca". Y es posible que cualquier adulto presente en ese sitio se ría y les diga que muy seguramente van a tener sentimientos diferentes cuando sean mayores, ante lo cual los niños protestarán aún más, creyendo firmemente que no quieren hacer eso nunca, porque en realidad no pueden imaginarse haciéndolo.

Tuve esos sentimientos en la preadolescencia. Tampoco podía imaginar tener relaciones sexuales con otra persona. Si definiera mis atracciones según la escala que he descrito, no habría puesto un punto en *ninguna* parte de esa línea.

SENSORES EN NOSOTROS

¿Por qué no? Creo que es porque Dios ha puesto sensores en nuestro interior respecto a cosas que no pueden ser buenas para nosotros, cosas que nos pueden hacer daño.

Si alguien tiene relaciones sexuales antes de estar en capacidad de concebir un bebé en términos biológicos, eso sin duda, en el mejor de los casos, no tiene sentido y en términos más serios es perjudicial. Nuestros cuerpos no fueron creados para las relaciones sexuales durante la niñez. Eso tiene sentido para mí, así como el hecho de que Dios nos haya programado para reaccionar diciendo cosas como

"¡guácala!" cuando otros se nos acercan para hacer cosas que pueden hacernos daño.

No sé si esto fue cierto en tu caso, pero para mí, cuando entendí de qué se trataba el sexo ¡quedé asombrado! ¡No podía creer que mis propios padres habían hecho eso! Pero entendí que sin duda así había sido, y que seguramente había sido más de una vez porque sabía que mis hermanos y yo proveníamos de ellos.

Recuerdo haber hablado con un amigo de mi edad que también había llegado a ese entendimiento el mismo día. A los dos nos repugnaba la idea. Ni él ni yo queríamos *pensar* en el hecho de que nuestros padres habían hecho algo así, y yo no *consideraba* el hecho de que quizás *seguían* haciéndolo después de tantos años. ¡Era inconcebible!

No fue hasta cuando llegué a la pubertad que mis pensamientos sobre el tema comenzaron a cambiar, y empecé a considerar que quizás algún día querría hacer eso también. Incluso entonces, la idea seguía siendo extraña para mí y me asustaba un poco pensar en *tener* que hacerlo algún día. Pero como muchas cosas en la vida, lo que en un comienzo me repugnó, después me intrigó.

Cuando llegué a la universidad, como ya lo mencioné, fue cuando alguien se me acercó con intenciones serias de tener relaciones sexuales conmigo, y esa persona resultó ser un hombre.

Cuando eso sucedió, todavía tenía barreras internas que superar, sensores que se encendían y que tuve que ignorar, algo con lo que la mayoría de personas se puede identificar.

Como sólo había besado mujeres hasta ese punto, la idea de besar a un hombre con barba de tres días en su cara era mucho más que algo incómodo. Muchos todavía se incomodan un poco cuando ven por primera vez a unos homosexuales besándose, ya sea en televisión, en una película o en persona. Ese hecho conlleva algo que, incluso para mí hoy en día, y después de haber estado envuelto en la homosexualidad por años, todavía parece incorrecto.

También creo que es una reacción correcta, de hecho "natural". Este tipo de reacciones no indican que amas *menos* a los gays, de hecho, pueden ser una señal de tu capacidad para amarlos *más*, amarlos de verdad, ya que tienes menos probabilidades de enredarte sexual o románticamente con ellos.

Como a niños que les repugna la idea del sexo en general, no puedo evitar pensar que esos sensores en nuestro interior con respecto a la homosexualidad Dios también los puso como advertencias para considerar con seriedad lo que estamos a punto de hacer antes que lo hagamos. Para algunas personas, esos límites dados por Dios se han cruzado a muy temprana edad y con tanta frecuencia que ya no recuerdan que existían cuando se cruzaron por primera vez.

Pero en mi caso fui muy consciente cada vez que los crucé.

Todo esto lo digo para que *tú* puedas ser un amigo amoroso para con las personas que tienen atracciones hacia el mismo sexo, ya sea que tengas un "corazón" especial hacia los gays o no, ya sea que alguna vez tú mismo hayas sentido atracción hacia el mismo sexo o no, e incluso si te repugna o no la idea de que alguien tenga atracciones hacia el mismo sexo.

El hecho de que solo ames a alguien que *sí* tiene esas atracciones, te califica como uno de sus mejores amigos que puede ayudarles en sus luchas, así como Lana fue una de las mejores amigas que jamás pude tener, y que me ayudó en medio de mi lucha.

Capítulo 6:

El valor de un Dios amoroso

———— ❖ ————

Donde comparto por qué es útil llevar a las personas a Jesús, cómo algunos amigos me llevaron a Jesús, y el increíble valor de tener una relación de amor con Él.

———— ❖ ————

La Biblia relata la historia de algunas personas que llevaron a un amigo a Jesús. Su amigo necesitaba un toque sanador, tanto en el cuerpo como en el alma.

Debido a la condición de su amigo él no podía llegar por sus propios medios hasta Jesús. Así que ellos lo llevaron. Cuando llegaron a la casa donde Jesús se encontraba hablando, la multitud era tan grande, que no podían entrar. Así que subieron al techo, hicieron una abertura y bajaron a su amigo hasta Jesús.

La Biblia dice que cuando Jesús vio *la fe de ellos* lo sanó, tanto en su cuerpo como en su alma.

¡Vaya! Su amigo pudo volver caminando a casa ese día, sanado, perdonado y gozoso. El relato termina diciendo: Todos quedaron asombrados y ellos también alababan a Dios. Estaban llenos de temor y decían: "Hoy hemos visto maravillas" (Lucas 5:26).

La verdad es que hoy *tú puedes* ser esa clase de amigo para alguien que amas. ¿Cómo lo sé? Porque tuve amigos que hicieron lo mismo por mí.

Mis amigos no tenían un don específico para ayudarme con lo que necesitaba. Ellos sabían que yo estaba luchando con algo, pero ni siquiera sabían qué era. Solo me llevaron a Jesús.

Luego Jesús hizo lo que mejor sabe hacer. Sanó mi cuerpo y mi alma.

Aunque todavía sentía una fuerte atracción hacia Lana, un sólido 11 en la escala de 10 puntos, todavía no veía algo inherentemente *malo* en la homosexualidad. Aunque ser homosexual no era algo con lo que quería continuar, seguía considerando que no estaba mal que otros lo hicieran.

Todavía disfrutaba pasar tiempo con mis amigos gays, y solía tener los mismos intereses de fondo con ellos. En mi opinión lo que ellos hacían, o lo que yo había hecho no era algo anormal o aborrecible, solo que no era aceptado. Sentía que entendía los pensamientos, los deseos y las atracciones de mis amigos de una forma que la mayoría de mis amigos que siempre habían sido heterosexuales nunca podrían hacerlo.

Tres años después que me distancié de mi última relación gay, tuve el encuentro con Dios más significativo que jamás había tenido en mi vida, y, en esencia, giró en torno al tema de la homosexualidad.

PALABRAS ESCLARECEDORAS

Cuando me gradué de la universidad, hice un viaje de corto plazo al exterior para realizar un trabajo como consultor de computadoras, después volví a los Estados Unidos y tomé un empleo en Texas, en el departamento de sistemas de una corporación del listado Fortune 10. Una prima que vivía en la misma ciudad me invitó a que fuera con ella a la iglesia, así que fui.

Aunque toda mi vida había asistido a la iglesia, todavía tenía algunas preguntas elementales respecto a la fe cristiana, no podía estar seguro si Jesús de verdad había vivido, muerto y resucitado.

Me gustaban las enseñanzas de Jesús, y me agradaba la idea de tratar de ser una persona buena y decente. Pero no podía creer en Él de la misma manera que creían algunas de las personas a mi alrededor.

En la iglesia de mi prima encontré un grupo de personas con quienes sentía que podía ser honesto en cuanto a mis dudas.

Un fin de semana, en un retiro de solteros, le confesé a un pequeño grupo de hombres que no estaba seguro si de verdad creía en Jesús o no. Uno de ellos fue muy hábil para abordar mis preguntas obvias respecto a la fe, y me invitó a un estudio bíblico con un grupo de hombres que se reunían cada semana en su casa.

Dijo que ellos solo leían la Biblia, hablaban sobre lo que decía, y trataban de aplicarlo a sus vidas. Me pareció una gran idea, así que la siguiente semana fui a la reunión.

Fue en ese estudio bíblico que por primera vez leí lo que Dios tenía que decir en cuanto a la homosexualidad.

Estábamos leyendo las palabras del Apóstol Pablo, las que mencioné en el Capítulo 2 y que habían sido escritas casi 2,000 años atrás y a más de 5,000 millas de distancia de donde yo vivía.

Al leer las palabras de Pablo en la introducción de la carta que había escrito a los cristianos de Roma, Dios les dio vida para mí vida *personal*.

Es como si en mi cabeza se hubiera encendido una bombilla. Sentí que Dios me decía: "Eric, te he dado el don de la sexualidad para que puedas tener una vida abundante. Pero lo has usado de una manera en la que yo nunca lo diseñé, una manera que podría darte todo lo opuesto: la muerte".

"¿Muerte?" Pensé. "Claro que no. No puedo morir por algo que haya hecho".

Mis palabras sonaban muy similares a lo que la serpiente le había dicho a Eva en el Jardín de Edén respecto a comer del fruto del árbol que Dios le había dicho que no comiera: "Pero la serpiente le dijo a la mujer: ¡No es cierto, no van a morir!" (Génesis 3:4).

Pero Eva *sí* comió del fruto prohibido, luego le dio a Adán y lo animó a hacer lo mismo, así como yo había comido algo que me había podido quitar la vida, y había animado a otros a hacer lo mismo.

"¿Cómo podría morir por *eso*? Me preguntaba. "Sólo estaba divirtiéndome".

Luego pensé en el SIDA. Nunca antes me había hecho pruebas para el SIDA. Ni siquiera lo había considerado. De repente me sobrecogió el temor. Y si de verdad *había* contraído una enfermedad que en ese entonces no tenía cura ni forma de detener su constante avance hacia la muerte.

¡No quería morir! ¡Quería vivir! ¡Y Dios *quería* que viviera! ¿Pero qué podía hacer yo? No podía revertir lo que había hecho.

Aunque los hombres de mi estudio bíblico no tenían idea de que yo había estado envuelto en la homosexualidad, sabían que estaba luchando con algo. Así que me llevaron a Jesús.

Ahora Jesús mismo me estaba hablando, por medio del poder del Espíritu Santo y las palabras de la Biblia, entre las que Dios había inspirado al Apóstol Pablo para que las escribiera.

Al leer esas palabras, pude ver que eran las mismas palabras escritas en mi corazón, sólo que las tenía frente a mí, las estaba leyendo en las páginas de mi Biblia y estaban escritas en blanco y negro. Las palabras en mi corazón *trataron* de advertirme cada vez que crucé la frontera que no debí haber cruzado, no solo en términos de homosexualidad con otros hombres, sino también a nivel heterosexual con Lana.

Sin embargo, yo había ignorado esas advertencias, y como resultado, posiblemente me encontraba rumbo hacia mi propia muerte.

Aunque no quería morir, y aunque no quería creer que lo que había hecho podía haberme llevado a la muerte, de repente sentí que era justo que *muriera* por mis actos del pasado.

El asunto no se trataba de que Dios no me hubiese dado indicadores de advertencia a lo largo del camino, sino que yo seguí adelante ignorándolos. No era culpa de Dios lo que yo había hecho y sabía que no debía hacer. Esa culpa recaía por completo sobre mí.

Nunca antes había sentido tal peso. Nunca antes había sentido un dolor tan real por mis acciones. Traté de encontrar alguna salida de mi apuro, pero si la había, no podía verla.

¿Cómo podía revertir lo que había hecho? ¿Y cómo podía cambiar los pensamientos, sentimientos, deseos atracciones que seguía sintiendo dentro de mí?

EL CAMINO

Luego Dios, en Su asombrosa gracia, ¡me *mostró* el camino!

Al día siguiente, me encontraba leyendo un pasaje en la Biblia del libro de Mateo acerca de dos ciegos que le pidieron a Jesús que los sanara.

"Ten misericordia de nosotros" le dijeron a Jesús.

Y Jesús, en lugar de hacer barro y ponerlo en sus ojos, o decirles que se sumergieran en un estanque específico, como había hecho con otros, solo les hizo una pregunta.

Jesús les preguntó: "¿Creen que puedo sanarlos?" (Mateo 9:28b).

Cuando leí esa pregunta, sentí que Jesús me estaba haciendo la misma pregunta con respecto a mi deseo de sanidad sobre esas atracciones que podían haberme costado la vida. Sentí con claridad que Jesús me estaba preguntando: "Eric, "¿crees que puedo hacer *esto* también?"

Pensé en todo lo que había escuchado acerca de Jesús: cómo había sanado a los enfermos, caminado sobre el agua, y resucitado a los muertos. Sabía que, si alguien podía hacer algo así, ese era Jesús.

Estando solo, levanté mis manos hacia el cielo y le di a Jesús la misma respuesta que esos ciegos le habían dado. Dije: "sí, Señor, sí lo creo".

En ese instante, cuando dije esas palabras con toda la sinceridad de mi corazón, Jesús me tocó, así como había tocado a los ciegos, y me dijo lo mismo que les había dicho a ellos: "Que se haga con ustedes conforme a su fe" (Mateo 9:29)

En ese momento, la abrumadora carga que había sentido hasta ese punto, el peso de todo lo que había hecho, se quitó de inmediato. El poder restante que la homosexualidad tenía sobre mi vida hasta ese punto fue destruido. *Lo supe. Supe* que la homosexualidad nunca más volvería a tener poder sobre mí.

Aquella noche, un amigo me invitó a la iglesia donde escuché una charla misionera acerca de la razón por la cual Jesús había venido a la tierra: a morir por las cosas que habíamos hecho mal en nuestras vidas y a romper el poder que éstas tenían sobre nosotros. Si estaba dispuesto a poner toda mi fe y confianza en Él, Él me daría una vida abundante, tanto aquí en la tierra como en el cielo por la eternidad.

Nunca había sentido un amor tan abrumador como el que sentí aquella noche, ni siquiera de parte de Lana. Fue asombroso. Fue maravilloso. Lo abarcó todo. Pensé: "Si Jesús estuvo dispuesto a morir por mí, entonces estoy más que dispuesto a vivir para Él".

Esa noche al acostarme, me puse de rodillas, enterré la cara en la almohada, y lloré.

Lloré por todo lo que había hecho en el pasado que iba en contra del plan de Dios para mi vida. Le confesé (poniéndome de acuerdo con Él) que hasta ese punto había hecho de mi vida un gran desorden. Quería que *Él* asumiera el control desde ese momento en adelante.

Le pedí a Jesús que fuera mi *Señor*, el que ordenaría los movimientos de ahí en adelante.

Por primera vez en mi vida, de verdad creí que Jesús era exactamente lo que decía ser. Había hecho lo que en su carta a los Romanos el Apóstol Pablo decía que debía hacer para ser salvo: "que, si confiesas con tu boca que Jesús es el Señor y crees en tu corazón que Dios lo levantó de entre los muertos, serás salvo" (Romanos 10:9).

Al día siguiente me levanté a una vida totalmente nueva.

UNA PELOTA DE PLAYA DESINFLADA

Antes de entregar mi vida a Jesús de esta manera, la batalla de tratar de controlar mis atracciones homosexuales había sido como tratar de mantener sumergida una pelota de playa. Podía hacerlo, pero requería gran esfuerzo.

Incluso, aunque estaba muy enamorado de Lana, seguía teniendo esa atracción gravitacional hacia los hombres porque todavía tenía una profunda necesidad de amor y aceptación de parte de ellos. Aunque Lana podía satisfacer mis necesidades de intimidad femenina de una manera que sólo lo puede hacer una mujer, ella no podía satisfacer mis necesidades de afirmación y aceptación masculina, que sólo podía satisfacer un hombre.

¡Pero *Jesús* lo hizo!

Cuando puse mi fe en Jesús, fue como si Él hubiese llegado con una navaja en su mano y pinchado esa pelota de playa de una vez por todas. La pelota colapsó y se hundió en el agua, llegando hasta mis pies en el fondo, perdiendo así todo el poder que podía tener sobre mi vida.

Luego Jesús me dio un abrazo como ningún otro hombre pudo haberme dado.

Ese día todo cambió en mi vida, incluyendo mis pensamientos y deseos en cuanto a la homosexualidad. Recuerdo que poco después fui a almorzar con otro hombre que era muy bien parecido.

Antes de poner mi fe en Cristo, apenas podía mirarlo cuando estaba con él porque me parecía muy atractivo. Pero después de haber venido a Cristo, cuando salimos a almorzar juntos, pude sentarme y por primera vez disfrutar *por completo* mi tiempo con él, hablando, riendo y disfrutando por lo que él era, un verdadero amigo, un hermano en Cristo.

¡Me asombró que podía verlo sin sentir ninguno de esos impulsos dañinos que en otro momento habían hecho que fuera tan difícil mirarlo!

¡Esto fue muy interesante! ¡Jesús de verdad lo había hecho! ¡De verdad había roto el poder que por tanto tiempo esas atracciones habían tenido sobre mi vida!

Cuando me preguntan si todavía siento atracción hacia el mismo sexo, no me molesta decirles, "Sí, de vez en cuando, todavía las tengo". La diferencia ahora es que ya no tienen poder sobre mi vida. Ya no me controlan. Ya no me hacen sentir que debo reprimir esos sentimientos, como tratando de mantener bajo el agua una pelota de playa.

Todavía noto esas atracciones de vez en cuando, pero ahora es más como posar mis pies sobre esa pelota desinflada. Cuando eso sucede, solo lo rechazo o me alejo.

De verdad fui un hombre libre ¡y sigo siéndolo hoy! ¡Aleluya!

Nunca podré exagerar lo que Lana hizo por mí, y cómo su amor y amistad me sacaron de la homosexualidad en un comienzo. Pero tampoco podré exagerar lo que *Jesús* hizo por mí y cómo *Su* amor y *Su* amistad trataron de una vez por todas con el golpe mortal que tenía por mis atracciones hacia el mismo sexo.

UNA VIDA ABUNDANTE

Lana, dicho sea de paso, puso su fe en Cristo alrededor de la misma época cuando yo lo hice. Ella también había empezado a leer la Biblia por su cuenta, y por primera vez en su vida.

En su caso, aunque siempre había creído en Jesús y había orado a Él con frecuencia desde su niñez, cuando comenzó a leer la Biblia por su cuenta, entendió que nunca había invitado a Cristo para que fuera su Señor, dejando que Él determinara los movimientos y siguiendo su liderazgo, en lugar de pedir Su bendición para cualquier actividad que ella ya había decidido hacer.

Como los dos pusimos nuestra confianza en Jesús, Él puso un amor mutuo más profundo en nuestros corazones, guiándonos a casarnos y a disfrutar la plenitud de una vida sexual sin inhibiciones, que era lo que Dios siempre había querido para nosotros.

Varios años después, Dios nos dio un hijo, luego otro, luego un tercero, un cuarto, un quinto y ¡un sexto! ¡Una vida abundante! ¡Alabado sea Dios!

Mi historia de amor con Lana tiene mucho más, la cual relato en mi libro *Fifty Shades of Grace,* y que describe en más detalle cómo mis pensamientos, sentimientos, deseos y atracciones siguieron cambiando.

Pero para el propósito de *este* libro, basta decir que Lana me dio la plenitud de su amor, y Jesús me dio la plenitud del suyo, y el cambio que surgió a raíz de experimentar el amor de ellos fue dramático.

Estoy muy agradecido con ellos, así como con mis amigos que en un principio me llevaron a Jesús, y todo esto nos trae de vuelta a la historia al comienzo de este capítulo respecto a los amigos que llevaron a *su* amigo a Jesús, y cómo tú puedes hacer lo mismo por *tus* amigos.

TUS CALIFICACIONES

Quizás pienses que no estás calificado para ayudar a salir de la homosexualidad a tus amigos o familiares gays. ¡La buena noticia es que no tienes que hacerlo tú solo!

Si sigues llevando a tus amigos a Jesús, ¡Él hará el resto! Como ya lo dije antes, Dios está en el negocio de transformar vidas. Es una de sus especialidades.

Piensa en mi prima que me invitó a la iglesia. Piensa en el hombre de aquel retiro que me invitó a su estudio bíblico. Piensa en los hombres de ese grupo que se acercaron para ayudarme a leer y aplicar las palabras de Dios a mi vida.

Ninguno de ellos sabía que yo estaba luchando con la homosexualidad, y si lo *supieran* tampoco habrían sabido como ayudarme. Pero lo que *sí* sabían era que Jesús podía hacer cualquier cosa, absolutamente cualquier cosa. Ellos hicieron lo que podían hacer y dejaron que Jesús hiciera el resto.

La realidad es que las palabras han convencido a muy pocas personas para que salgan de la homosexualidad, pero muchas sí han salido gracias a los hechos. Si amas a las personas, entonces tienes lo que se necesita para acompañarlas en medio de *lo que sea* que puedan estar enfrentando, ¡incluyendo esto!

Para aquellos de ustedes que son heterosexuales y nunca en su vida han sentido atracciones hacia el mismo sexo, permítanme añadir esto: el hecho de que *nunca* hayan luchado en esta área es una de las *mejores* habilidades que pueden tener para ser de ayuda.

¿Por qué? En mi propia vida, lo que estaba buscando en mis relaciones homosexuales era la afirmación, aceptación y amor verdadero de los que me rodeaban. Aunque en cierto grado encontraba esta aceptación entre mis amigos gays, a menudo había un motivo subyacente husmeando bajo la superficie. Las cosas no siempre eran lo que parecían.

Lo que encontré en los hombres de aquel estudio bíblico fue afirmación, aceptación y amor verdadero hacia mí, pero sin ningún interés romántico o sexual. ¡Esto fue muy liberador!

Después de poner mi fe en Cristo y comunicarles mi decisión a esos hombres, ¡ellos se regocijaron conmigo de todo corazón! Durante las siguientes semanas ellos pudieron ver la diferencia que eso estaba haciendo en mi vida, el nuevo sentido de propósito que mi fe en Cristo me había dado. Aunque todavía no conocían mis atracciones hacia el mismo sexo, ni la obra específica que Cristo había hecho por mí, ellos igual se regocijaban conmigo, viendo que de verdad yo era un hombre transformado.

DICIÉNDOLO A LOS DEMÁS

Poco después de tomar mi decisión por Cristo, quise contarle a uno de los hombres del estudio bíblico *específicamente* qué había sucedido para que yo pusiera mi fe en Cristo.

Él y yo trabajábamos juntos en la misma compañía, y durante mi primer año en Texas habíamos entablado una buena amistad.

Pero, cuando estaba por relatarle dos detalles de mi historia, sentí que debía relatársela toda a Lana de nuevo. Estaba muy asustado de cuál sería su reacción. Tenía miedo de perder su amistad. Al mismo tiempo, quería que él supiera lo que de verdad había pasado en el fondo de mi ser.

Y, así como sucedió con Lana, cuando finalmente expresé mis palabras, mi amigo no se espantó, y no se alejó.

En lugar de eso, se puso de pie y me dio un gran abrazo.

Aunque nunca en su vida había experimentado atracciones hacia el mismo sexo, y no sentía ninguna atracción hacia mí, siguió amándome. Siguió interesándose por mí. Y siguió siendo mi amigo no solo ese día, sino al día siguiente, y el siguiente, y el siguiente, hasta hoy, más de 30 años después.

Lo que mi amigo hizo por mí al escucharme y luego ponerse de pie y darme un abrazo, rompió con los sentimientos de inferioridad que tuve por *años* entre mis pares masculinos. Eso acabó con *años* de ser ridiculizado y de sentir que no era aceptado. Puso fin a *años* que dediqué a tratar de satisfacer de manera ilegítima las necesidades válidas de amistades cercanas con hombres.

Ahí tenía a un amigo que me amaba por lo que era, que no quedó aturdido por lo que yo había hecho, y que estuvo dispuesto a seguir amándome por mucho tiempo hacia el futuro.

Poco a poco comencé a compartir mi historia con otras personas cercanas a mí: mi prima que me invitó a la iglesia, sus padres que habían estado orando por mí desde el día que había llegado a su ciudad, y otros hombres que también estaban luchando con atracciones hacia el mismo sexo y querían escuchar lo que Dios había hecho en mi vida y cómo lo había hecho.

Dios tuvo mucha gracia para conmigo, *no* pidiéndome que compartiera mi historia con todo el mundo, sino llevándome a entender que estaba bien *no* compartirla con todo el mundo, al menos no en ese momento. En la historia bíblica acerca de los dos ciegos que Jesús sanó, observé que Jesús les dijo puntualmente que ¡*no* le dijeran a nadie lo que Él había hecho por ellos!

¿Por qué no? ¡Eso no me sonaba muy evangelístico! Pero ese no era el momento correcto. Al parecer, Jesús tenía otro momento para que ellos lo compartieran, y es por eso que su historia quedó registrada en la Biblia, y ahora ha llegado a hacer parte de mi propia historia.

Me fascina el hecho de que Jesús se interesa tanto en *nosotros* y se interesa tanto por *los demás*, que nos guía respecto a cuándo compartir, qué decir y con quien quiere que lo hagamos.

Incluso Jesús mismo a veces se contuvo de decirles a Sus discípulos *todo* lo que tenía en su corazón, no porque no quería que lo supieran, y no porque no lo iba a comunicar en otro momento, sino porque sabía que sería más de lo que ellos podían soportar en ese momento.

En un punto, Jesús les dijo: "Muchas cosas me quedan aún por decirles, que por ahora no podrían soportar. Pero, cuando venga el Espíritu de la verdad, él los guiará a toda la verdad, porque no hablará por su propia cuenta, sino que dirá solo lo que oiga y les anunciará las cosas por venir" (Juan 16:12-13).

Así que solo traté de mantenerme cerca de Jesús, compartiendo mi historia cuando él me animaba a hacerlo. A medida que el tiempo pasaba, sentía que Jesús me llevaba a compartir más y más.

Mi fe se estaba fortaleciendo, y podía ver cómo mi historia era útil de más y más formas y cómo de verdad podía ayudar a otros.

Dos años después de poner mi fe en Cristo, y poco después que Lana y yo nos casamos, el pastor de la clase de solteros de la iglesia a la que asistíamos me preguntó si estaba dispuesto a compartir mi historia con toda la clase, un grupo de 200 personas. Estaba nervioso, y todo el tiempo que hablé temblé como una hoja. Pero pude ver a Dios obrar en cada persona cuando presentaba la historia de lo que Jesús había hecho por mí.

Al final de mi mensaje, toda la clase se *puso de pie y aplaudió*. Quedaron muy impactados y llenos de confianza en que Dios puede hacer cualquier cosa, absolutamente cualquier cosa.

Esa respuesta me tomó por sorpresa, puesto que había compartido con ellos el secreto más profundo en mi vida. Ellos no celebraban mi secreto, claro está, sino la forma como Dios había cambiado mi vida y me había redimido de aquello que me habría quitado la vida si hubiese seguido por ese camino.

Después de eso, muchos me dijeron que les había animado lo que Dios había hecho por mí, porque les dio esperanza de que Él también podía hacer algo similar por ellos, sin importar lo que estuvieran enfrentando.

MÁS SANIDAD

Después de esa charla, Dios siguió invitándome a compartirla con mayor frecuencia. Y como veía que Dios podía usar mi historia para Su gloria, estuve más dispuesto a compartirla.

También empecé a ver que el compartirla *me* daba una dosis adicional de sanidad que también necesitaba. Ahí estaba yo, temeroso de que al contar tan abiertamente lo que siempre había sido tan privado, mi historia terminara alejando aún más a los demás. En lugar de eso, encontré que el compartir mi historia les daba a las personas la oportunidad de expresar su aprecio hacia mí a pesar de lo que había hecho en el pasado. Sólo en la economía de Dios, Él podía sacar algo tan bueno de algo tan malo.

Para quienes tienen miedo (como yo) de decirles a los demás lo que Dios ha hecho por ustedes en sus vidas, permítanme resaltar cuánta sanidad trajo Dios a mi corazón a medida que yo fui compartiendo mi historia.

Recuerdo que se la relaté a uno de los hombres más heterosexuales que haya conocido, un hombre grande y fuerte que era el entrenador principal de una escuela secundaria local. Un hombre de hombres, ¡sin duda! Y ahí estaba yo, sintiendo que Dios quería que le dijera que había sido homosexual.

Este hombre hacía parte de otro grupo de hombres al que luego asistí en un pequeño pueblo de Illinois donde me mudé con mi familia después de nuestro tiempo en Texas. Él y yo nos habíamos hecho compañeros de oración, y nos encontrábamos una vez a la semana para orar y animarnos mutuamente antes de iniciar el día en nuestros respectivos trabajos.

Después de varios encuentros como ese, sentí que debía contarle lo que Dios había hecho por mí en cuanto a las atracciones hacia el mismo sexo.

Tenía miedo, de nuevo, de contarle a otra persona lo que había hecho. Fue una mañana tensa para mí, porque sentía que tenía mucho que perder, mucho en juego.

Pero, como había sucedido con Lana, y con mi compañero de trabajo en Texas, después de compartir mi historia con este hombre, se puso de pie, y también me dio un gran abrazo de oso. Lloró diciéndome que me amaba, me apreciaba y me agradeció por compartir esa parte tan personal de mi vida.

Él tampoco había sentido atracciones hacia el mismo sexo, nunca en su vida. Para mí, y por la forma como me habían tratado en el pasado los chicos del equipo de fútbol americano de mi escuela, el abrazo de ese entrenador y sus palabras de afirmación me trajeron de vuelta.

Ya han pasado 20 años desde aquel día cuando compartí mi historia con aquel hombre, y es interesante que ahora lidera un estudio bíblico con los jóvenes de una iglesia nueva en otro pueblo donde yo también vivo, ¡un estudio bíblico al que asisten mis propios hijos adolescentes!

En lugar de alejarse con mi historia, que era lo que me temía, el amoroso acogimiento de este hombre, no solo hacia mí, sino hacia toda mi familia también, ha permanecido por más de 20 años.

¿Puedes ver cómo Dios usa un hombre que siempre ha sido heterosexual, que sabe muy poco acerca de la homosexualidad, para ministrar a un hombre roto que tiene gran necesidad de su ayuda? No se necesita mucho, pero sí se necesita algo: se requiere amor, puro, no adulterado, amor de corazón.

Si puedes hacer algo por quienes luchan con atracciones hacia el mismo sexo, es poder juntarlos con otros que nunca han luchado en esta área de sus vidas, y pedirles que caminen juntos por una o varias temporadas, o a lo largo de la vida.

TRAYENDO TUS AMIGOS A JESÚS

Así como nunca podré exagerar lo que Lana hizo por mí al llenar esos lugares solitarios en mi corazón con un alma gemela, una ayudadora, una amante y una amiga constante; y así como nunca podré exagerar lo que Jesús ha hecho por mí al llenar ese vacío del tamaño de Dios que había en mi corazón, de una forma que sólo Él podía hacerlo; tampoco podré exagerar lo que mis amigos heterosexuales han hecho en términos de llenar esos vacíos en mi vida donde he necesitado y anhelado amigos cercanos, amigos con quienes caminar a lo largo de la vida y con quienes compartir un vínculo que no es ni romántico ni sexual, sino que satisface una de mis mayores necesidades que sólo ellos pueden llenar.

Lo *mejor* que Lana y mis otros amigos han hecho por mí durante todos estos años, ha sido mostrarme a Jesús, aquel que pudo sanarme, salvarme y cambiarme de adentro hacia afuera.

Él es el que está a mi lado cada noche al acostarme y cada mañana al levantarme. Él es el que sabe por lo que estoy pasando a cada momento del día, que puede regocijarse conmigo cuando me regocijo, y puede llorar conmigo cuando lloro.

Él es el que me dio la vida desde el comienzo y que me dio una nueva vida cuando puse mi fe en Él.

¡Me fascina saber que si no te gusta cómo naciste, puedes volver a nacer! ¡Sólo pon tu fe en Jesús! ¡Aleluya!

Como Jesús le dijo a un hombre llamado Nicodemo que vino a él de noche: "De veras te aseguro que quien no nazca de nuevo no puede ver el reino de Dios... Porque tanto amó Dios al mundo que dio a su Hijo unigénito, para que todo el que cree en él no se pierda, sino que tenga vida eterna" (Juan 3:3 y 3:16).

Trae tus amigos a Jesús. Quizás no conozcas cuál es su necesidad, pero Él sí. Quizás no puedas sanarlos, pero Él puede. Sigue haciendo lo que puedes, y sigue confiando en que Él hará el resto.

Guías de estudio para los capítulos 5 y 6

GUÍA DE ESTUDIO PARA EL CAPÍTULO 5: "EL VALOR DE UN AMIGO AMOROSO"

RESUMEN DEL CAPÍTULO

El autor dice que, a lo largo de su vida, en una escala de 0 a 10, sus atracciones las pondría en tres diferentes puntos:

- en su adolescencia, en 7 u 8 inclinándose firmemente hacia la heterosexualidad, aunque hasta ese momento nunca había tenido relaciones sexuales,
- al comenzar sus veintes, en un 2 o 3 inclinándose mucho hacia la homosexualidad, después de haber tenido sus primeras y subsecuentes interacciones con hombres,
- y a mitad de sus veintes, en un 10+, inclinándose abrumadoramente hacia la heterosexualidad, después de haber tenido una relación íntima con la mujer que luego llegó a ser su esposa.

Tras 30 años después de haber salido de la homosexualidad, nunca ha vuelto.

Después de confesarle a su novia acerca de sus atracciones hacia el mismo sexo, ella respondió diciendo que aun así lo amaba y estaba dispuesta a acompañarlo en medio de todo eso. Ella se convirtió en uno de sus mayores apoyadores que lo ayudaron a salir de la homosexualidad, y lo hizo sólo amándolo en medio del proceso. Él dice que ella:

- no tenía un "corazón" especial para los homosexuales.
- nunca se había sentido atraída hacia su mismo sexo,
- y no permitió que la confusión que había en la mente de *él* le impidiera verlo como la persona que *ella* creía que era, y la persona que ella creía que *Dios* tenía en mente cuando lo creó.

Tú puedes hacer lo mismo por los que amas.

El autor dice que las personas pueden ayudar grandemente a los gays, así no se sientan cómodos con la idea de la homosexualidad. El hecho de que alguien no tenga atracciones hacia el mismo sexo, lo califica más para amar de verdad a los que sí tienen esas atracciones, dándoles afecto de corazón sin tener ninguna expectativa romántica o sexual.

PREGUNTAS DE REFLEXIÓN Y DISCUSIÓN

Lee Juan 3:17. ¿Por qué crees que la respuesta de la novia del autor fue tan útil para él en su proceso?

¿Por qué es importante no permitir que la confusión mental que tiene otra persona te impida verla como crees que es y como crees que Dios la creó?

Lee Proverbios 25:11. Antes de leer este capítulo, ¿cómo habrías respondido si alguien que amas te hubiera dicho que es gay? Después de leer este capítulo, ¿cómo quisieras que fuera tu respuesta? (Y si alguien a quien amas ya te dijo que es gay, ¿cómo respondiste, y cómo quisieras haber respondido?

¿Puedes entender por qué los sentimientos de atracción que tenía el autor cambiaron con el tiempo, pasando de ser predominantemente heterosexuales a homosexuales después de sus primeros encuentros íntimos con hombres, y después volvieron a cambiar tras su primer encuentro íntimo con una mujer? ¿Qué función consideras que jugaron las "necesidades válidas" en sus atracciones en cada uno de esos escenarios y en cada cambio de sentimientos?

Considera esta afirmación: "El sexo es una maravillosa *extensión* de la intimidad, pero nunca tendrá comparación si se lo toma como *sustituto*". Cuando las personas con atracciones hacia el mismo sexo "solo intentan" tener relaciones sexuales con alguien del sexo opuesto, ¿por qué ese tipo de encuentros tienden al fracaso?

¿Cómo puede alguien que nunca ha experimentado atracciones hacia el mismo sexo ser de ayuda especial para alguien que *sí* ha tenido esas atracciones? ¿Qué le puede ofrecer alguien a otros así no tenga un "corazón" especial hacia los gays, o sí incluso siente repulsión ante la idea de la homosexualidad?

GUÍA DE ESTUDIO PARA EL CAPÍTULO 6: "EL VALOR DE UN AMIGO AMOROSO"

RESUMEN DEL CAPÍTULO

La Biblia relata una historia de unas personas que llevaron a su amigo a Jesús para que lo sanara. De este relato podemos aprender tres cosas:

- cuando Jesús vio *la fe de ellos* sanó al amigo enfermo, tanto en su cuerpo como en su alma,
- aunque quizás *tú* no conozcas las verdaderas necesidades de tus amigos, Jesús sí las conoce,
- y si haces lo que puedes hacer, lleva a tus amigos a Jesús, ¡él hará lo que él puede hacer!

El autor comparte cómo algunos amigos lo llevaron a *él* a Jesús, sin ni siquiera conocer sus luchas con los sentimientos homosexuales, pero sabiendo que luchaba con algo. Jesús luego sanó al autor en su cuerpo y en su alma.

El autor describe lo sucedido de esta manera:

- mientras leía la Biblia, entendió que había hecho algo que podía haberle quitado la vida,
- se arrepintió de lo que había hecho y fue libre de volver a que sus atracciones hacia el mismo sexo controlaran su vida,
- y describe el cambio como algo similar a pasar de tratar de mantener bajo el agua una pelota de playa a que Jesús pinchara esa pelota con una navaja, derrotando así cualquier capacidad que pudiera tener la pelota para volver a flote por su cuenta.

El autor dice que agradece a sus amigos por hacer lo que podían y agradece a Jesús por hacer lo que Él podía. Él anima a otros a llevar a sus amigos a Jesús, entendiendo que su propia relación constante con Jesús le ha traído la mayor sanidad posible.

PREGUNTAS DE REFLEXIÓN Y DISCUSIÓN

Lee Lucas 5:17-26. ¿Que hubo en la fe de los amigos que pudo haber tocado el corazón de Jesús?

Lee Mateo 9:27-31. ¿Por qué crees que Jesús le pidió a los ciegos si *creían* que Él podía sanarlos? Según Jesús, ¿qué función cumplió la fe de ellos en su sanidad? Según el autor, ¿qué papel jugó su fe en Jesús para su sanidad?

Lee Romanos 10:8-10. De acuerdo con este pasaje, ¿qué se necesita para ser salvo? ¿Qué sucedió con el autor cuando declaró que Jesús era su Señor y creyó en su corazón que Dios lo había resucitado de los muertos?

Lee Juan 16:12-13. ¿Por qué Jesús no siempre comparte la totalidad de lo que *podía* haber compartido con sus discípulos? ¿Qué sabiduría puede haber habido para que el autor no compartiera todo lo que pudo haber compartido con otros respecto a su testimonio? ¿Cómo ésta sabiduría también le trajo alivio?

¿De qué manera podrías tú "traer a tus amigos a Jesús"? ¿A qué clase de actividades podrías invitarlos o qué cosas podrías hacer por ti mismo que podrían ser útiles para presentarles a Jesús?

El autor usa la analogía de sostener bajo el agua una pelota de playa para describir cómo sus atracciones habían tenido atrapada su vida. ¿Alguna vez sentiste algo similar en alguna área de tu vida? ¿Qué clase de alivio trajo, o traería, si Jesús pinchara esa pelota de playa una vez y para siempre? ¿Estarías dispuesto a invitar a Jesús a hacerlo?

¿De qué maneras el autor vio que el compartir su historia, en determinadas ocasiones con determinadas personas, traía mucha más sanidad a su propia vida? ¿De qué maneras se podrían aplicar estas ideas a ti si consideras compartir tu propia historia?

Capítulo 7:

El valor de una iglesia amorosa

--- ❖ ---

Donde comparto cómo la iglesia me ha ayudado en esta área de mi vida, incluyendo mi iglesia local, la iglesia que se extiende más allá de los muros de ésta y la iglesia a lo largo de la historia.

--- ❖ ---

Hay quienes preguntan: "¿Qué me dices de la terrible respuesta de la iglesia a este tema? ¿No crees que ha sido horrible?"

A eso tengo que preguntar: "¿Cuál ha sido tu experiencia *personal* con la iglesia en cuanto a este asunto?" Sinceramente quiero saber. Porque he escuchado historias de terror acerca de cómo las iglesias han hablado sobre este tema, pero sólo las he escuchado en informes de noticias o en revistas o en televisión.

En toda mi vida, nunca he hecho parte de una iglesia en la que no me haya sentido amado, aceptado, cuidado, respetado y tratado con compasión profunda en cuanto a este tema, incluso cuando estaba involucrado en la homosexualidad.

Toda mi vida he estado en la iglesia, más de cinco décadas, en iglesias de diversos tamaños, denominaciones y en diferentes ciudades. Y en todos los años que me he congregado en esas iglesias, semana tras semana, tras semana, por más de 50 años, nunca he escuchado un sermón o alguna enseñanza que me haya hecho sentir rechazado, despreciado, desprotegido o no aceptado.

Ni una sola vez me he sentido degradado, reprochado, humillado o amenazado. De hecho, he encontrado todo lo opuesto. Los líderes y las personas en esas iglesias me han recibido, me han amado, han cuidado de mí, han sido considerados conmigo, se han interesado en mí y han sido amables. Cuando he sido honesto al hablar con otras personas acerca mis atracciones hacia el mismo sexo, ya sea a nivel personal, en grupos pequeños o desde el púlpito, me he sentido respetado, aceptado y honrado.

Me han abrazado más veces de lo que podría contar, ya sean hombres y mujeres de todo tipo, de un amplio rango de trasfondos, formas y tamaños (incluyendo fornidos entrenadores de fútbol americano). El amor y la aceptación que me han mostrado los cristianos, en muchos entornos me han ayudado en mi propia sanidad a lo largo de este viaje. He encontrado que la iglesia es un refugio, un santuario, y un lugar de sanidad y aceptación.

Es "allá afuera", en "el mundo", ya sea en el gimnasio o en espacios públicos, o en entornos seculares, donde me he sentido vilipendiado, maltratado, irrespetado, amenazado, intimidado y degradado. Es allá afuera, en el mundo, donde me he sentido rechazado, alejado, humillado y despreciado. Es allá afuera donde me han llamado gay, afeminado, marica, raro, y [eliminando el improperio] homo, pero nunca, jamás, ni una sola vez, en la iglesia.

Antes de mudarme a Texas, leí un artículo en una revista de circulación nacional respecto a una iglesia en ese estado. El artículo describía lo que esa iglesia pensaba acerca de los homosexuales y lo que les harían si alguno iba a esa iglesia.

Recuerdo que pensé: "¡vaya!" No veo cómo podría vivir en Texas. ¡Eso sería horrible!"

Pero cuando obtuve una oferta de trabajo de una compañía en Texas y me mudé allá, lo que encontré en la iglesia a la que *asistí*, fue un amable grupo de hombres, quienes fueron de gran apoyo, me amaron y cuidaron de mí como nunca antes alguien lo había hecho.

Esa iglesia fue el primer entorno en mi vida donde me sentí tan apreciado por mis dones y talentos, y por ser único, ¡y esto venía de personas que *no querían* tener relaciones sexuales conmigo! Su cariño genuino me llevó a tener un corazón abierto a Cristo, lo cual cambió el resto de mi vida.

Algunos de los hombres de esa iglesia llegaron a ser unos de mis mejores amigos, amigos para toda la vida, que me apoyaron en mi boda y hasta el día de hoy siguen apoyándome a mí, a mi familia y mi ministerio. Pero si hubiese prestado atención a lo que leí en esa revista de circulación nacional, nunca me habría mudado a Texas.

Así que mi primera pregunta a quienes piensan que la iglesia les ha dado una respuesta equivocada a las personas con atracciones hacia el mismo sexo, es para saber cómo ha sido su experiencia *personal*.

MI EXPERIENCIA EN LA IGLESIA

Quizás mi experiencia sea un testimonio a los *tipos de iglesias* de las que he hecho parte. Pero a lo largo de los años he estado involucrado con una amplia variedad de iglesias, no todas han sido del mismo tamaño y sabor. Las iglesias han variado en tamaño desde unas pocas docenas de miembros hasta varios miles, y he pasado varias fronteras teológicas desde tradicionales y evangélicas hasta no denominacionales y carismáticas.

O quizás mi experiencia sea un testimonio de la forma como *reaccioné personalmente* a las cosas que escucho en la iglesia. Aunque en ocasiones no he estado de acuerdo con un orador o un líder en cuanto a cierto tema, mi tendencia ha sido a dejar que esas pequeñas porciones se deslicen, porque por lo general puedo escuchar lo que hay en el corazón de esas personas cuando lo dicen.

Así que no me ofende mucho lo que las personas dicen en las iglesias a las que asisto, porque sé, y creo que están *tratando* de hacer lo correcto; están *tratando* de vivir como Cristo lo mejor que pueden. Y, honestamente, aunque tengo convicciones muy firmes en cuanto a ciertos temas, es muy poco probable que en un entorno de iglesia escuche cosas con las que esté en desacuerdo al punto de enojarme o sentir que mis pensamientos u opiniones estén siendo denigrados de manera indebida.

¿Alguna vez me ha herido la iglesia? Sí. ¿He tenido algunas "experiencias desagradables con la iglesia", en las que me han tratado de formas que a mi parecer no han sido cristianas, y que me han causado heridas profundas? Sí. Pero nunca de tal forma que denigre la homosexualidad.

Incluso en mis años de universidad, mientras *estuve* involucrado en la homosexualidad, seguía asistiendo a la iglesia. Recuerdo que escuché un sermón sobre el sexo y después de escucharlo pensé: "Tengo opiniones diferentes sobre ese tema". Pero no me sentí herido ni ofendido por lo dicho. Respetaba lo que se había dicho, porque podía escuchar la intención genuina del orador hacia el corazón de los que hacíamos parte de la congregación.

MI EXPERIENCIA EN INTERNET

Quizás algunos piensen que debo haber tenido una exposición muy limitada a las iglesias si no me he encontrado con la mezquindad que ellos han percibido. Pero pueden estar equivocados.

Por más de 20 años he dirigido un ministerio en internet el cual ahora alcanza a casi 40.000 personas al día, seis días a la semana en más de 160 países. De vez en cuando escribo sobre la homosexualidad, incluyendo mi propio testimonio acerca de cómo Cristo ha cambiado mi vida.

En más de 20 años escribiendo, dando conferencias y hablando acerca de este tema como parte de mi ministerio, solo un puñado de personas me han dado respuestas negativas, y en ninguna ocasión esas respuestas han provenido de personas que dicen odiar a los homosexuales, sino sólo de personas que dicen que los aman, que afirman que aman la diversidad, y que ¡dicen que quieren que todos sean tratados con tolerancia y respeto!

Es sólo de ellos, los autoproclamados más "tolerantes" grupos de cristianos, de quienes he escuchado algo de odio o mezquino hacia mí o mi mensaje acerca de este tema. Siempre me ha parecido irónico que quienes más acogen la idea de la tolerancia parecen mostrarla menos hacia quienes no están de acuerdo con ellos.

En todos mis años de ministerio en esta área, no puedo recordar ninguna persona, ni siquiera una, que me haya escrito y me haya hecho sentir condenado o menospreciado por haber compartido mis experiencias con atracciones hacia el mismo sexo. Y en caso de que creas que todos mis suscriptores comparten mi manera de pensar en el reino de Dios, y quizás yo solo les estoy predicando a los de mi coro, ¡créeme, no es así! Mi grupo de suscriptores está compuesto por cristianos y no cristianos de tantas denominaciones como las que pueden existir, ubicados en países de todo el mundo.

Suelo recibir noticias de personas opinando sobre lo que he escrito o enviado y con lo que están en *gran* desacuerdo. Ellos no guardan sus opiniones si consideran que una cita o un párrafo no coincide con sus creencias o teologías personales, ¡o si hay un apóstrofe o coma fuera de lugar!

Pero, con respecto a algo que yo haya escrito en cuanto a la homosexualidad, no tengo memoria de haber escuchado ni siquiera un comentario mezquino acerca de los sentimientos que tuve de atracción hacia el mismo sexo y que hayan provenido de algún cristiano.

Por el contrario, las personas se han sentido inspiradas por los relatos que han escuchado, y a menudo, en sus comentarios han dado detalles de sus propias vidas o las de sus seres queridos, y han buscado consejo y ánimo en medio de lo que han estado enfrentando. Por lo general, las personas de verdad quieren saber más, mucho más, acerca de lo que sea que pueda decirles en cuanto a este tema.

O quizás mi experiencia es un testimonio de la *forma* de presentar lo que comparto. O quizás es un testimonio de la *mano protectora de Dios* sobre mí en estos últimos 20 años de ministerio. Posiblemente sea una combinación de *todas estas cosas* que he mencionado.

Pero, sencillamente, mi experiencia no me ha llevado a decir que la *iglesia* ha tratado mal a los homosexuales, o que no ha respetado o sido compasiva con quienes experimentan atracciones hacia el mismo sexo, ya sea en las iglesias de las que he hecho parte aquí en Illinois, iglesias de las que hice parte en lo profundo de Texas, o personas de iglesias alrededor del mundo a quienes sirvo a diario.

En cuanto a los pastores que he tenido el honor de escuchar y de quienes he aprendido semana tras semana, ninguno de ellos *nunca* ha respondido con odio, maldad o intolerancia después de escuchar mi historia en cuanto a las atracciones hacia el mismo sexo. Los pastores solo han respondido con amor, gracia y respeto por lo que he vivido.

Puedo pensar en al menos una docena de pastores y líderes en mi iglesia actual, que es de más de 5.000 miembros, que conocen mi historia y por lo general me saludan con grandes abrazos, mucho amor y mucho respeto, no solo cuando comparto mi historia de como Dios ha cambiado mi vida, sino también cuando comparto mis pensamientos y sentimientos constantes respecto a las atracciones hacia el mismo sexo.

Todos los grupos pequeños en los que he participado han hecho lo mismo, me han permitido hablar abiertamente de mis experiencias, lo cual suele conducir a que otros hablen de sus propias luchas en otras áreas de sus vidas.

TU EXPERIENCIA

Quizás estés leyendo esto acerca de la iglesia y esa *no haya sido* tu experiencia. De ser así, lo siento mucho. Como cristianos, deberíamos ser los embajadores más amorosos del Hombre más amoroso que jamás haya vivido en esta tierra.

Me da una gran tristeza cuando veo que no nos estamos comportando de esa forma. Podría apelar al hecho de que todos tenemos una naturaleza caída, que ninguno es perfecto, pero eso no nos excusa de no hacer nuestro mejor esfuerzo para resolver las cosas con las personas a quienes hemos ofendido.

Si tú y yo estuviéramos juntos en persona, te pediría que me hablaras de cómo ha sido tu experiencia con la iglesia, y con gusto me disculparía en lugar de mis hermanos y hermanas en Cristo por cualquier ofensa que hayan cometido contra ti. Ya lo he hecho antes y lo volvería a hacer.

Pero después de haber conversado contigo, también te pediría que me hablaras de cómo han sido tus experiencias "allá afuera" y que luego las compararas con tus experiencias en la iglesia.

Si, por comparación, tu iglesia te *ha* tratado con menos amor que el trato que has recibido del mundo, entonces te sugeriría, con la mayor amabilidad posible, que busques otra iglesia, y no solo una que apoye a los homosexuales, porque puedo asegurarte de que *no* estás recibiendo la plenitud de lo que Cristo y Su próxima esposa, la iglesia, tienen para ofrecerte. *No* estás recibiendo lo que puedes recibir en miles de iglesias en todo el mundo, iglesias constituidas por personas pecadoras como tú y como yo, pero que en su corazón de verdad quieren hacer lo mejor posible para ser como Jesús.

Algunas iglesias, y, por mi experiencia, con "algunas" me refiero a muy pocas, suelen salir en noticias por estar llenas de odio y rechazo hacia este tema.

Es correcto que los espectadores cristianos denuncien esas iglesias por su comportamiento, tanto como lo hace el público secular. Sin embargo, después de haber sido denunciadas esas iglesias, con frecuencia, los medios siguen considerándolas como si fueran las representantes de la mayoría de iglesias existentes. Y no lo son.

En contraste, he visto iglesias que han mostrado gran respeto y amabilidad hacia los homosexuales, sin mencionar los desfiles de orgullo gay y celebraciones de diversidad, a las que miembros de iglesias han ido para regalar agua, expresar su amor y participar en discusiones amables y civilizadas con los asistentes. He visto a miembros de iglesias hacer esto en entornos donde incluso los homosexuales expresan algunas de las espeluznantes actividades en las que sus compañeros gays participan, y lo hacen públicamente, frente a niños y familias.

He encontrado que los cristianos están entre los grupos de personas que más aman, aceptan y respetan a los demás en todo el mundo, en especial cuando los comparo con algunas de las otras principales religiones de hoy en las que la homosexualidad sigue siendo castigado con la muerte. Y en todos mis años de asistencia a iglesias cristianas, nunca, en ninguna de esas iglesias, he escuchado a un líder pedir la muerte de los homosexuales, *o algo diferente a honor, amor y respeto* hacia quienes experimentan atracciones hacia el mismo sexo.

Habiendo dicho todo esto, decir que mi experiencia en la iglesia habla por *todos* los que *alguna vez* han sentido atracciones hacia el mismo sexo, sería como pedirle a alguien de los Estados Unidos que describiera cómo es para *todos* haber crecido en ese país. ¡Es imposible!

Todos tenemos personalidades, trasfondos, historias, dones, limitaciones y demás cosas tan diferentes, que sería imposible usar el ejemplo de una persona como yo para catalogar a todos los que sienten atracciones hacia el mismo sexo.

Sin embargo, cuando escucho a alguien hablar acerca del trato que la iglesia ha tenido en cuanto a este tema, me gusta preguntar acerca de las experiencias personales, porque de verdad me son ajenas. Y cuando hago esta pregunta, es más frecuente ver que las personas *no* tienen historias específicas que relatar según sus propias experiencias, sino que están repitiendo historias que han escuchado de otros, a menudo en informes noticiosos que presentan unas de las pocas iglesias que ya he mencionado, las cuales también han sido denunciadas por casi todos los demás cristianos.

Lo he visto suceder también en temas diferentes a la homosexualidad. Cuando inicié en el ministerio, hubo unos grandes escándalos sexuales que sacudieron al cristianismo. Le comenté a uno de los líderes de mi iglesia que pareciera que *todos los pastores* estaban teniendo una aventura amorosa. A lo que él respondió: "Oh, conozco muchos pastores que nunca han tenido una aventura amorosa".

Él tenía razón, y sus palabras me ayudaron a recalibrar mis pensamientos. Si bien *había* unos muy pocos casos de alto perfil, cuando me di a la tarea de pensar en los diferentes pastores que había conocido personalmente a lo largo de los años, me di cuenta de que esos pocos casos de alto perfil que veía en las noticias en realidad eran la minoría.

Aunque es natural que algunas historias ocupen los titulares nacionales, la *razón* por la cual lo hacen no es porque sean la norma, sino todo lo contrario: ocupan los titulares porque *no* son la norma, son la excepción.

LA IGLESIA MÁS AMPLIA

Ya he compartido muchas historias contigo acerca de la ayuda cotidiana que las personas en iglesias locales me han dado en cuanto a este tema, incluyendo los amigos heterosexuales que he conocido en esas iglesias a las que he asistido, quienes me han acompañado y apoyado en lugar de alejarme.

Permíteme añadir dos historias más acerca de la iglesia en general y la iglesia histórica, las cuales te ayudarán a entender lo valiosa que ha sido la iglesia para mí y para muchos otros, especialmente en partes muy críticas de mi viaje.

Tras dar mi testimonio ante la clase de solteros en mi iglesia de Texas, una mujer se me acercó y me habló de una conferencia para personas que luchaban con atracciones hacia el mismo sexo.

Ella pensó que quizás yo debía considerar asistir a esa conferencia, pero para ser honesto, no quería ir. Nada sonaba peor que reunirme con una cantidad de personas con atracciones hacia el mismo sexo, ¡porque *todos* allá sabrían *por qué* me encontraba en ese lugar! También podía usar una insignia que dijera: "¡Sí, he luchado con atracciones hacia el mismo sexo!"

Pero unos pocos meses después, un amigo me preguntó si estaría dispuesto a asistir con él a esa conferencia. Él pensó que le podría ayudar con sus luchas, así que decidí ir, tanto por su bien, como para saber acerca de la misma, como lo había sugerido aquella mujer en mi iglesia.

En ese momento, mis deseos y atracciones hacia Lana eran fuera de serie, y estaba disfrutando mucho mis amistades con muchos hombres heterosexuales. No estaba luchando con ningún tema específico cuando fui a esa conferencia, pero sí tenía una pregunta en el corazón, y me preguntaba si Dios podía darme la respuesta.

Me preguntaba si en todo esto todavía estaba pasando algo por alto, alguna porción de información crítica que quizás había ignorado que alguien podría usar algún día en mi contra para arruinar mi matrimonio, mi familia o mi vida. En mi opinión todo estaba bien, pero no quería puntos ciegos, así que me pareció buena idea aprender lo que más pudiera en cuanto a este tema, con las personas que ya habían estado ahí y que habían tratado con lo mismo durante años.

De modo que fui a la conferencia. Después de superar la incomodidad inicial de literalmente ponerme una etiqueta en el pecho con el logo de la conferencia (ahí estaba: mi insignia diciendo" "¡Sí he luchado con atracciones hacia el mismo sexo!"), todo me pareció asombroso.

¡Ahí estaban más de 1.000 personas que había experimentado lo mismo que yo! Muchos de ellos ya habían encontrado una salida por medio del poder de Cristo y ahora estaban en diferentes etapas en su caminar de libertad. Algunos apenas habían puesto su fe en Cristo y querían saber qué debían hacer ahora. Otros habían estado caminando en completa libertad por 20, 30, 40 o más años. Para ese entonces habían sido muy pocos mis encuentros con personas que habían tenido experiencias similares a la mía. ¡Y ahí habían más de 1.000 personas de esas en un mismo lugar!

Asistí a cada una de las sesiones, escuchando a todos los oradores que confirmaron lo que yo había experimentado y tuve que aceptar que era verdad. ¡Fue fascinante!

LA RESPUESTA DE DIOS A MI PREGUNTA

Una noche, durante la alabanza, mientras adoraba a Dios por esa reunión de cristianos, le pedí una respuesta a mi pregunta (si había algo más que debía saber en cuanto a este asunto, para que no surgiera en el futuro y me arruinara a mí, o a mi familia, o toda mi vida), y un hombre que estaba de pie adorando a mi lado, a quien nunca antes había visto, se dio la vuelta y dijo: "*Nunca* vas a volver a lo que una vez fuiste. "*Nunca, nunca, nunca, nunca, nunca* vas a volver".

Quedé asombrado. Pudo haberle dicho esas palabras a cualquier otra persona en esa conferencia, y habrían sido de ayuda, pero para mí, como esa era la pregunta puntual que tenía en mi corazón para Dios, no pude evitar prestar atención.

Lo siguiente que dijo fue mucho más asombroso. Dijo: "El hombre te va a dar muchas oportunidades. No las tomes. Toma sólo las que Dios te da. Satanás no necesita hacerte pecar para impedir que hagas la voluntad de Dios en tu vida. Lo único que tiene que hacer es llevarte a hacer cosas diferentes a las que *Dios* quiere que hagas, así esas otras cosas puedan ser buenas y piadosas en sí mismas".

Las palabras de este hombre llegaron a lo profundo de mi ser.

Fue durante esa adoración que descargué todas las preocupaciones que tenía de que algún día volvería a la homosexualidad o que de alguna forma esto me destruiría a mí, mi vida o a mi familia.

No es que me haya sentido inmune a la tentación, ni que repentinamente haya bajado la guardia de tal modo que nunca más volvería a ceder a algún pensamiento. Pero eso me ayudó a cambiar de enfoque. Dejé de preocuparme pensando que algo de mi pasado podía estar al acecho, y me concentré en lo que creía que Dios estaba poniendo en mi corazón para hacer.

Después de la última sesión, el día de cierre de la conferencia, iba caminando por el campus de vuelta al dormitorio donde me estaba quedando, cuando un auto con un par de chicos pasó por mi lado. Uno de ellos, que al parecer había escuchado que esa conferencia tenía algo que ver con la homosexualidad, se asomó por la ventana del pasajero y me gritó: "¡Muérete, [improperio eliminado] afeminado!"

Mientras ellos se alejaban a toda velocidad ¡yo estallé en carcajadas! Aunque estaba usando un distintivo que implícitamente decía: "¡He luchado con atracciones hacia el mismo sexo!" ¡Sentí que nunca antes en mi vida había estado tan lejos de ser homosexual!

Dios había hecho una obra asombrosa en mi vida y durante esa semana, ¡que mi única respuesta a esa burla fue reírme!" (Y, como quizás lo notes, el hombre que me dijo eso no era alguien de la iglesia, sino alguien de "allá afuera", de "el mundo". Eran cristianos, los de la iglesia, los que habían organizado esa conferencia para ayudar a quienes querían ayuda).

Esa reunión de cristianos fue de tanta ayuda, no solo para mí sino también para mi amigo y muchos otros con quienes pude conversar durante la semana, que por varios años volví como orador para hablar sobre diferentes temas.

Había descubierto que la iglesia en general *estaba* haciendo su trabajo de amar a Dios y a los gays, y me alegró hacer parte de su trabajo.

LA IGLESIA HISTÓRICA

La otra historia que quiero compartir es acerca de cómo la iglesia *histórica* me ha ayudado en esta área de mi vida.

Por ejemplo, hasta cuando puse mi fe en Cristo llegué a saber que Dios también había liberado a *otros* de este mismo problema en las iglesias del pasado, en los días posteriores a la vida, muerte y resurrección de Jesús.

A medida que seguía leyendo mi Biblia, descubrí que la iglesia de Corinto, Grecia, estaba integrada por personas que habían participado en la homosexualidad y cuyas vidas habían sido transformadas por el poder del Espíritu Santo. El mismo Apóstol Pablo que escribió la carta a los cristianos en Roma, también escribió una carta a los cristianos en

Corinto alrededor de los años 53 y 57 D.C., tan solo 20 a 22 años después del ministerio público de Jesús en la tierra. (Jesús fue crucificado en el año 33 D.C.).

En la carta de Pablo a los Corintios, él dice que algunas de las personas en esa iglesia habían estado involucradas en la homosexualidad, entre otras cosas, y luego añadió: "Algunos de ustedes antes *eran* así; pero fueron limpiados; fueron hechos santos; fueron hechos justos ante Dios al invocar el nombre del Señor Jesucristo y por el Espíritu de nuestro Dios" (1 Corintios 6:11, *itálicas mías*).

Esa pequeña palabra, *eran*, es lo que me más impactó cuando leí por primera vez ese pasaje. Encontré que hace casi 2.000 años hubo personas que experimentaron lo que yo estaba viviendo, habían estado en la homosexualidad, y luego habían salido de él ¡en el nombre de Jesucristo y por el poder de Su Espíritu Santo!

Si me asombró encontrar en esas conferencias a 1.000 personas que habían pasado por todo lo que yo había estado pasando, ¡puedes imaginar mi asombro al ver que justo en los días posteriores a la vida, muerte y resurrección de Jesús también hubo personas que experimentaron lo mismo!

Comprendí con claridad que lo que había vivido no era algo nuevo que se está dando sólo ahora en los siglos 20 y 21. Había tenido que enfrentar algo a lo que las personas habían estado haciendo frente por miles de años.

Conforme he seguido leyendo la Biblia, he aprendido que se ha hablado de la homosexualidad desde los días de Abraham, unos 4.000 años atrás (lee Génesis 18:16-19:29).

Se volvió a hablar de lo mismo en los días de Moisés cuando Dios le dio instrucciones a Moisés acerca de cómo debería ser nuestra manera de vivir, unos 3.300 años atrás (lee Levítico 18:22 y 20:13).

Y de nuevo se volvió a hablar de homosexualidad en los años siguientes al ministerio de Cristo en la tierra, unos 2.000 años atrás (lee 1 Corintios 6:9-11).

¡Todo esto es para decir que a Dios no le sorprende la homosexualidad! ¡No es algo que brotó de repente en mi generación!

A Dios no le sorprende que las personas se sientan tentadas con eso. De hecho, ¡esa es *la razón por la cual* él habla de eso en la Biblia!

En la Biblia, Dios no habla de cosas que a Su parecer *no* sean de tentación para las personas, sino que habla de aquello que Él *sabe* que es tentador hacerlo. Y en este tema en particular, Dios nos ha expresado sus advertencias con la mayor claridad posible.

Sin embargo, he visto cómo muchos tratan de hacer gimnasia teológica con esas advertencias claras y explícitas, a fin de hacer parecer que Dios *sí quería* que participáramos de la homosexualidad.

Lo entiendo. Comprendo su manera de leer esos pasajes y he leído sus argumentos a favor de eso. Pero para mí, cada uno de esos argumentos se cae por su propio peso. ¿Por qué? Porque he tratado de imaginar qué palabras *podría* haber usado Dios que fueran más claras o más firmes que las que *ya* usó.

Si las palabras en la Biblia en cuanto a este tema no son claras para las personas ¿entonces cuáles palabras pueden serlo? ¿Qué palabras *desearían* las personas que Dios hubiese dicho si en realidad no quería que participaran en la homosexualidad? (Y ¿qué palabras quisieras *tú* que Él dijera?)

Al mirar cualquiera de los pasajes bíblicos que he mencionado en las páginas anteriores, ¡he encontrado que las palabras usadas en ellos son más fuertes que cualquiera otra que haya visto!

No estoy diciendo que puede haber varias maneras de interpretar las palabras que tenemos en la Biblia. Lo que estoy queriendo decir, es que me sería muy difícil encontrar palabras más fuertes o más claras.

Según todo lo que he leído en la Biblia, y todas las conversaciones que he tenido respecto a lo que he leído, una y otra vez he cobrado ánimo al ver que la experiencia transformadora que he tenido con Cristo en esta área es algo que también les ha pasado a muchos.

También siento ánimo al ver que las personas *pueden* cambiar, *han* cambiado por miles de años, y *siguen* cambiando en la actualidad, así como yo y cientos de personas con quienes me he reunido personalmente hemos cambiado, y miles más que he visto en las conferencias a las que he asistido.

Entonces, ¿por qué nos sorprende saber que el Espíritu de Cristo sigue cambiando personas hoy, de la misma manera que lo hizo con tanta claridad hace casi 2.000 años? Las palabras del Apóstol Pablo a los

Corintios son como música a mis oídos: "Algunos de ustedes antes *eran* así".

Lejos de tener un registro desagradable en su trato para con los homosexuales, en mi experiencia, la iglesia ha tenido un asombroso desempeño.

He encontrado amor y apoyo en mi iglesia local, en la iglesia que se extiende más allá de los muros de mi iglesia y la iglesia a lo largo de la historia.

No es una sorpresa que Dios ame tanto a la iglesia. No es una sorpresa que Él espera el día para encontrarse con la iglesia, Su novia, en el último banquete de bodas, la cena de las bodas del Cordero (lee Efesios 5:31-32, Apocalipsis 19:7, 21:2, y 21:9).

Capítulo 8:

Algunas palabras acerca de la tentación

———— ❖ ————

Donde comparto por qué las tentaciones no nos definen, cómo podemos enfriar o alimentar nuestras atracciones, y por qué celebramos el 4 de julio y no el Tratado de Versalles.

———— ❖ ————

Como lo mencioné antes, cuando alguien me pregunta: "¿Todavía te sientes atraído hacia los hombres?"" No me molesta responder "Sí. Sí me siento atraído".

Pero luego hay otra pregunta de seguimiento que quisiera que hicieran, porque la respuesta a *esa* pregunta es mucho más significativa: "¿Las atracciones todavía controlan tus acciones?" Mi respuesta a esa pregunta es un resonante: "No, no lo hacen".

Y aunque pareciera que estoy haciendo un gran contraste entre esas dos preguntas y respuestas, la diferencia entre ellas es como el día y la noche.

Cuando Dios transformó mi vida, no solo me cambió llevándome de ser una oruga a ser una mariposa. Me dio alas para que pudiera volar. Me hizo una nueva criatura. Como dice la Biblia: "De modo que si alguno está en Cristo, nueva criatura es; las cosas viejas pasaron; he aquí todas son hechas nuevas" (2 Corintios 5:17, RVR)

Aunque en algunos aspectos sigo siendo la misma persona, soy una criatura totalmente nueva en otros.

Una de las principales razones por las cuales escribí un libro más íntimo acerca de mi testimonio hace unos años, fue para describir, en detalle lo mucho que Dios había hecho para transformar mi vida en las áreas de mis sentimientos y pensamientos, en mis deseos y atracciones. El libro fue para que las personas supieran que el cambio es posible en la vida real, y que no es solo un cambio de aspecto sino una remodelación completa de todo nuestro ser.

También escribí ese libro para satisfacer el apetito que los demás tienen por *más*, para que supieran que, si dejan su antigua vida, así ofrezca todos los placeres y alivios de dolor, Dios puede darles toda una nueva vida que ofrece *mucho más*. Nunca le recomendaría a nadie seguir el camino que yo he seguido si no creyera de todo corazón que a largo plazo sería mejor para ellos, tanto en esta tierra como en el cielo para siempre.

HAY MÁS

Conocí a un hombre que cuando llegó a Cristo, asistía a una iglesia local. Esa iglesia era superficial. Seca. Aburrida. Nada sucedía. El Espíritu nunca fluía.

Ese hombre estaba muy emocionado de haberle entregado su vida a Jesús, pero cuando iba a esa iglesia, quedaba muy decepcionado. Un día, mirando alrededor, dijo: "¿dejé las drogas por ESTO?"

Sabía que debía haber más. Sabía que debía haber más de la vida abundante que Jesús le había ofrecido, comparado con lo que estaba experimentando.

Así que siguió adelante con Dios, terminó yendo a otra iglesia y encontró justo lo que estaba buscando, ¡la vida abundante que había esperado por mucho tiempo! ¡Eso *era* mejor que las drogas que había dejado! ¡Mucho mejor! Llegó a ser pastor y plantó por todo el mundo más iglesias rebosantes de vida.

Pero si en esos primeros días yo lo hubiera aconsejado, y su primera experiencia en la iglesia fuera un verdadero indicador de cómo iba a ser el resto de su nueva vida en Cristo, yo habría sido el primero en enfatizarle: "¡vuelve a las drogas!"

No han sido pocas las personas las que han venido a mi diciendo que creen que Dios las *hizo* gays, pero que Él no quiere que actúen de acuerdo con la manera como las hizo, que están destinadas a vivir el resto de sus vidas en frustración y con dolor en el corazón. Yo les he dicho: "Si de verdad crees que Dios *te hizo* así, pero que quiere que vivas frustrado el resto de tu vida porque nunca vas a poder comportarte conforme a la manera como Él *te hizo*, entonces permíteme ser el primero en decir enfáticamente: "¡Sigue en la homosexualidad, y hazlo con gusto!"

Pero *no* animes a otros a hacerlo, porque creo que Dios *no ha hecho* gay a nadie sólo para luego hacer que se sienta frustrado el resto de su vida por la manera como Él lo hizo.

En mi opinión hay otras cosas que impiden que las personas experimenten la vida abundante para la que Dios las hizo. También he encontrado que muchos *sí* creen de corazón que Dios *no* los hizo así, aunque quizás no puedan encontrar otra manera de explicar lo que sienten. Sencillamente no ven otras opciones. Se sienten atrapados, en una jaula, sin ninguna salida aparente.

Mi deseo es ayudarles a encontrar, a explorar lo que Dios *de verdad* quiere que hagan, y darles esperanza en que Dios *de verdad tiene algo mejor para ellos,* sin importar si algún día se casan o no con alguien del sexo opuesto.

Jesús no nos prometió una vida abundante solo para arrebatárnosla una vez pongamos nuestra fe en Él. Aunque a veces podemos *sentirnos* así, esa *no* es la verdad, y no nos vamos a *sentir* así para siempre.

Animo a quienes están frustrados y que desean *más* a que sigan preguntando, sigan buscando y sigan llamando a la puerta porque *recibirán más.*

Estas no son solo mis palabras de ánimo. Son *Sus* palabras. Jesús dijo: Sigue pidiendo y recibirás lo que pides; sigue buscando y encontrarás; sigue llamando, y la puerta se te abrirá. Pues todo el que pide, recibe; todo el que busca, encuentra; y a todo el que llama, se le abrirá la puerta (Mateo 7:7-9, NTV).

Cuando Jesús dijo: "Mi propósito es darles una vida plena y abundante" (Juan 10:10, NTV), hizo su promesa a todos los que hemos estado dispuestos a poner nuestra fe en Él.

El aspecto de esa "vida plena y abundante" va a ser diferente en cada caso, y Jesús es el único que sabe toda la plenitud de lo que eso significa para nosotros. Pero estoy seguro de que Dios traerá Su plenitud de vida a cada uno de nosotros, así como estoy seguro de que el sol volverá a salir mañana. Dios *de verdad quiere* que todos experimentemos la mayor plenitud de vida posible.

NUESTRA RESPONSABILIDAD (O HABILIDAD DE RESPUESTA)

Quizás no podamos elegir nuestros sentimientos, pero sí podemos elegir qué hacer con ellos. Sí podemos elegir si vamos a calmarlos o a alimentarlos. Sí podemos elegir actuar conforme a lo que sentimos o no seguir lo que sentimos.

Y lo que elijamos hacer con lo que sentimos, en gran medida, determinará el tipo de experiencia que tendremos en estas vidas que Dios nos ha dado. Nuestra manera de responder a nuestros sentimientos es nuestra responsabilidad (o habilidad de respuesta).

Sé lo que es estar muy enamorado de alguien, pero no poder satisfacer ese amor. Sé lo que es tener corazones flotando en la cabeza cuando piensas en alguien especial, pero no poder actuar conforme a esos sentimientos.

Sé lo que se siente cuando el corazón se acelera en tu pecho, pero no poder controlarlo y tener que reprimirlo en tu interior al no poder expresar el amor de la manera que he querido hacerlo.

Pero también sé cómo es poder calmar esos deseos, llevarlos todos a los pies de Jesús para que no me causen más dolor, confusión y pena por amor.

Esto no significa que en ocasiones no haya tratado de revivir esos sentimientos después de haber renunciado a ellos, deseando tomar el teléfono o enviar una nota "sólo para seguir en contacto". Pero he aprendido que siempre que he intentado hacer alguna de esas "pequeñeces inofensivas", mi corazón se acelera en mi pecho y necesito una gran cantidad de tiempo y esfuerzo para calmarlo. Así que termino volviendo al comienzo.

He aprendido que cuando eso sucede, lo mejor que puedo hacer es hacer el teléfono a un lado o no enviar la nota. He tenido que reconocer que mis motivos no son los correctos. Mis intenciones no son puras.

Sé que mis sentimientos me conducirán a la decepción si continúo siguiéndolos, porque nunca podré seguir con ellos de la manera que he deseado. Este tipo de *golpe al corazón* es una revelación indicando que mis atracciones están aproximándose al peligro.

En cuanto a las atracciones hacia el mismo sexo, en la medida que sean solo atracciones, simplemente tener claro que hay algo atractivo en alguien, no resulta un problema. El problema surge cuando nuestros corazones también comienzan a latir por alguien. Es ahí cuando nuestros sentimientos se hacen peligrosos. Es ahí cuando debemos retirarnos. Es en ese momento cuando debemos identificar lo que sentimos y por qué.

Entonces, después de saber que lo que sentimos se basa en una necesidad legítima, podemos encontrar maneras de satisfacer esa necesidad legítima de manera *legítima*, en lugar de hacerlo de manera ilegítima. Si sabemos que nuestros sentimientos *no* están atados a una necesidad legítima, o que esa *no* es una manera válida de satisfacer esa necesidad, entonces lo mejor para nosotros es "dejar las cosas así". Seguir caminando. Dar la vuelta y cambiar de dirección, darle tiempo a nuestro corazón para que se calme.

He aprendido este sencillo consejo: decirme a mí mismo: "Deja las cosas así", sigo caminando y no miro atrás, es asombrosamente efectivo. Cancela las punzadas en el corazón que las personas suelen sufrir en la vida.

Cuando digo que todavía siento atracciones hacia el mismo sexo, lo que estoy diciendo es: "Sí, todavía reconozco si una persona me es atractiva o no". Pero la gran mayoría de las veces, esas atracciones son solo *reconocimientos* de atracción. El corazón no se ve involucrado.

Mi corazón sigue tranquilo en mi pecho. No hay dolor, no hay deseos de aferrarme a algo que siento que es doloroso o que injustamente no puedo disfrutar.

Incluso cuando *sí* siento que mi corazón se está involucrando de manera inadecuada con alguien, el simple hecho de tener consciencia de eso, y comprender que *no puedo* seguir esos sentimientos por una amplia variedad de razones, resulta ser de gran ayuda para mantener mi corazón controlado, de esa manera vuelve a estar calmado.

GUARDANDO NUESTROS CORAZONES

Para mí, eso es lo que el rey Salomón nos animó a hacer cuando dijo: "Sobre todas las cosas cuida tu corazón, porque este determina el rumbo de tu vida (Proverbios 4:23, NTV).

En lugar de hacer eso, con mucha frecuencia tendemos a derribar las murallas de nuestro corazón, haciéndonos vulnerables al dolor que es una consecuencia natural de no poder tener aquello que deseamos en el corazón.

Lo que trato de expresar aquí es que hay una diferencia en la manera como *experimentamos* nuestras atracciones. Pueden seguir siendo simples atracciones, o pueden convertirse en tentaciones, y más que eso, deseos o anhelos que llegan a ser muy dolorosos en la medida que siguen sin ser satisfechos.

Cuando mi esposa murió, el dolor que experimenté justo después fue increíblemente intenso. Lana había estado conmigo unos días antes, tendida a mi lado en nuestra cama, con su cabeza en la almohada y mirándome con sus ojos llenos de vida.

Luego, llegó el día en el que ya no estaba ahí. Mi corazón deseaba estar con ella, *anhelaba* estar con ella, pero sabía que nunca más podría estar con ella en persona de este lado del cielo.

Al saber que nunca más volvería a satisfacer ese anhelo de mi corazón en esta tierra, el dolor resultante de ese *deseo* del corazón fue tan intenso como cualquier dolor físico que hubiera sufrido.

Sin embargo, a medida que el tiempo fue pasando, aprendí que podía contener mi corazón. Por último, llegué a comprender que mi anhelo por estar con ella, nunca se satisfaría.

En mi dolor llegué a un punto en particular, del que luego leí en un libro escrito por Harold Ivan Smith titulado *Decembered Grief (Duelo en diciembre)*. Él cita a una mujer que también llegó al mismo punto, diciendo:

"He tomado meses para llegar al punto en el que puedo decir: ¡Está bien, el futuro no va a ser lo que pensaste que sería. Se ha ido, y no lo vas a tener. Sencillamente no va a ser así. Tu futuro se fue con él. Ahora tienes que construir uno nuevo'".

En mi caso, yo también había aceptado el hecho de la ausencia de mi esposa, y que ella no iba a volver.

Cuando llegué a ese punto, el dolor en mi corazón disminuyó mucho. Sí, todavía me *encantaría* estar con ella, tenerla cerca, y mirarla directo a los ojos. Pero mi deseo ya no iba acompañado con el mismo tipo de dolor.

En su libro *Fuera del Planeta Silencioso* C.S. Lewis describe la diferencia entre estos dos tipos de anhelos. Lewis escribió que en el idioma de las criaturas de su planeta ficticio había dos palabras que significan desear y anhelar, pero que esas criaturas hacían una clara diferencia entre ellas diciendo que "todos lo desearían *(wondelone),* pero que nadie en sus plenos sentidos *podría desearlo (hluntheline)"*.

Es algo muy sutil pero que hace una gran diferencia en términos de su impacto práctico en nuestras vidas. Es la diferencia entre recordar a mi esposa con pena y dolor en el corazón, o recordarla con cariño y aprecio.

Mi dolor por desear algo en el corazón solo se daba cuando retenía la esperanza de que, por alguna razón, lo que anhelaba era una posibilidad real, aunque remota. Pero cuando llegué al aceptar el hecho de que ya no había ninguna remota posibilidad de ver realizado mi anhelo, entonces la parte dolorosa de ese anhelo también desapareció.

No era posible que mis anhelos se hicieran realidad de ninguna manera, y mi corazón recobró la compostura.

CALMANDO NUESTROS DESEOS

Para decirlo en otras palabras, a veces he pasado al lado de alguien fumando un cigarrillo, y aunque nunca he fumado, a veces he respirado ese humo y pensado: "Ahh, eso huele *muy* bien".

Aunque pueda parecer extraño para algunos, como nunca he fumado, todavía reconozco algo seductor en el olor, ya sea que me recuerde las fogatas al aire libre en mi niñez, o que estimule algo placentero en mi interior, en realidad no lo sé. (Pero ahí está, otra verdadera confesión).

Esto me volvió a suceder hace poco. Iba caminando y pasé por el lado de un hombre que estaba fumando frente a un edificio donde yo había estado haciendo unas compras.

El hombre se disculpó por fumar frente a mí cuando pasé por su lado. Le dije que no había problema, y aunque nunca había fumado, a veces me gustaba el olor.

Ahora, no me siento tentado a fumar. No siento el deseo de poner algo dentro de mí con el potencial de causarme la muerte. Pero todavía puedo reconocer que me es atractivo, y puedo ver por qué los es para otros, incluyendo para ese hombre.

Si hubiera crecido en un ambiente diferente, o expuesto a situaciones de vida diferentes, fácilmente me habría quedado fumando al lado de él. Pero como no fue así, y como no planeo satisfacer algún día ese deseo en particular, mi corazón nunca *late* por la idea de fumar.

Puedo seguir mi camino, así como lo hice aquel día, sin volver a pensarlo, hasta cuando pensé en relatarte esta historia. Aunque había experimentado algo que me *era* atractivo, no tenía ningún poder sobre mí.

Es lo mismo respecto a cualquier atracción hacia el mismo sexo que siento ahora.

Aunque reconozco esas atracciones cuando se presentan, puedo seguir mi camino y no pensarlo dos veces. Mis atracciones ahora son como esa pelota de playa desinflada bajo mis pies, en la arena al fondo del agua, algo que, como ya lo dije antes, puedo quitar o pasar por el lado.

Creo que parte de la razón por la cual puedo hacerlo es debido a la obra transformadora que Dios ha hecho en mi vida, pero en parte también se debe a la sabiduría práctica que Dios me ha dado por medio de Su Palabra y el consejo de algunos cristianos piadosos.

La buena noticia en cuanto a esto para quienes están luchando con atracciones hacia el mismo sexo, o cualquier tipo de atracción no deseada, es que ese mismo poder transformador y sabiduría colectiva están a disposición de cualquiera que esté dispuesto a aferrarse y valerse de ellos. He visto a otros poner en práctica estas ideas en sus propias vidas, de una manera tan efectiva como ha sido mi caso, y sé que son transferibles.

A veces, de verdad necesitamos "soltar", para que esos fuegos se extingan, sabiendo que, aunque lo que sintamos *puede* estar basado en necesidades legítimas, Dios no quiere que satisfagamos esa necesidad de manera ilegítima.

Al reconocer que nunca podré satisfacer ciertos deseos, y alejarme de otros deseos, Dios me ha ayudado a *calmar* lo que siento hacia las cosas que sé que pueden ser perjudiciales para mí.

ALIMENTANDO NUESTROS DESEOS

Por el otro lado, Dios también me ayudó a *alimentar* mis deseos hacia aquellas cosas que sé que pueden ser de verdadera ayuda para mí.

Cuando Lana todavía estaba viva, encontré formas prácticas para profundizar mi amor y afecto hacia ella más allá de lo que ya era.

Aunque la intimidad que compartimos al comienzo de nuestra relación fue increíble, se fortaleció mucho más con el paso del tiempo. ¿Por qué? En parte, porque comencé a construir con ella una base de datos de experiencias que no tenían comparación.

Como muchos otros hombres casados que conozco y que han experimentado atracciones hacia el mismo sexo, mis atracciones hacia mi esposa eran muy particulares en su enfoque, es decir, casi nunca había sentido atracción hacia alguna mujer diferente a ella. Aunque muchos pueden indicar que este hecho indica que nunca fui transformado, desde mi punto de vista, esa fue una *inmensa* bendición para mí.

Lo último que necesitaba era pasar de estar predominantemente atraído hacia los hombres, ¡a estar predominantemente atraído hacia las mujeres! Esa no podía ser una señal de sanidad. Sería tan solo una señal de pura locura reemplazar una forma de tentación por otra. Pero lo que Dios hizo por mí, y lo que ha hecho por otros, fue poner en mi interior una atracción única y fuera de serie hacia mi esposa. Y creo que así es como debería ser.

Como dice la Biblia: "Que tu esposa sea una fuente de bendición para ti. Alégrate con la esposa de tu juventud. Es una cierva amorosa, una gacela llena de gracia. Que sus pechos te satisfagan siempre. Que siempre seas cautivado por su amor. (Proverbios 5:18-19, NTV).

Sin ser gráfico, lo que *puedo* decir es que después de crear cientos de memorias de experiencias íntimas con mi esposa, tras muchas semanas, muchos meses y años, encontré que mis deseos se movían con tan solo una mirada a sus senos, cerca del borde del cuello de su blusa. Una mirada fugaz me hacía sonreír por *mucho* tiempo, suscitando en mí deseos que solo un esposo *debería* sentir hacia su esposa.

Para mí siempre fue asombroso experimentar algo como esto, porque en mis años de pre adolescente, e incluso durante la adolescencia, no encontré ninguna diferencia entre ver los senos de una mujer, o ver sus codos o sus rodillas. Sencillamente, no me seducían.

Sin embargo, después de haber disfrutado de la intimidad con mi esposa una y otra vez, y llegar a entender más a fondo que sus senos tenían una función más profunda en nuestra intimidad, comencé a verlos de otra forma. Con el paso de los años, pude comprender a plenitud de qué hablaban los otros chicos en la escuela, cuando decían que incluso un vistazo a los senos de una mujer provocaba una respuesta inmediata en ellos.

Conforme la base de datos de experiencias con mi esposa fue creciendo, me ayudó a alimentar el fuego en mi corazón, lo cual también me ayudó a mantener vivo nuestro romance.

Otro paso que tomé para concentrar mi atención sólo en mi esposa fue seguir el consejo de otra persona que también había recorrido ese camino antes de mí.

Como comparto en mi libro *What God Says About Sex (Lo que Dios Dice acerca del Sexo)*, un amigo cristiano me animó a que renunciara a la idea de complacerme yo mismo a nivel sexual cuando estaba solo, tanto antes como después de casarme. En lugar de disfrutar de libertad por mi cuenta, este amigo me recomendaba que disfrutara de esa experiencia cuando estuviera en compañía de mi esposa.

Este pequeño consejo resultó ser una de las mejores bendiciones para nuestro matrimonio, porque, aunque a veces me vi tentado a hacer otra cosa, con el tiempo llegó a ser uno de esos anhelos profundos del corazón *(bluntheline)* que C.S. Lewis describe en su libro. El haber reconocido que yo no podía satisfacer mis deseos sexuales de ninguna manera diferente a cuando estaba con mi esposa, quitó todo el estrés interno que algo así podría haber causado.

Como consecuencia, mi esposa se convirtió en mi única fuente de placer sexual en la vida. Las bendiciones de una sola decisión nos siguieron felizmente durante el resto de nuestro matrimonio. Por ejemplo, en gran medida, gracias a esa decisión, nunca caí en la pornografía, porque no tenía sentido activar esos deseos si no podía satisfacerlos. Y como nunca caí en la pornografía, nunca tuve que comparar a mi esposa con los millares de modelos maquilladas que aparecen en esas imágenes.

En realidad, hallé satisfacción en los senos de mi esposa, en primer lugar, porque de verdad creo que Dios mismo la hizo única como un regalo para mí, pero, en segundo lugar, porque no estaba comparándola todo el tiempo con otra persona. Como mi única fuente de deleite sexual, ella se convirtió en la persona más espectacular del planeta.

No estoy diciendo que otros deberían hacer exactamente lo mismo que yo he hecho para mantenerme tan enfocado en mi esposa, pero son consejos que resultaron muy buenos para mí, y funcionaron muy bien en nuestra situación.

Lo que *sí* estoy diciendo es que *hay* cosas que todos podemos hacer para calmar nuestros deseos o alimentarlos. Me sentí muy agradecido de haber encontrado por mí mismo algunas de estas cosas, y debo añadir, en representación de mi esposa, que ¡*ella* también se sintió muy agradecida!

DEJANDO QUE DIOS NOS DEFINA

También he llegado a entender que mis tentaciones no me definen. Esto se hizo más evidente cuando supe que la Biblia dice que Jesús fue tentado en *todo* al igual que nosotros, pero que no pecó.

Al hablar acerca de Jesús, el escritor del libro de Hebreos dice: "Nuestro Sumo Sacerdote comprende nuestras debilidades, porque enfrentó todas y cada una de las pruebas que enfrentamos nosotros, sin embargo, él nunca pecó. Así que acerquémonos con toda confianza al trono de la gracia de nuestro Dios. Allí recibiremos su misericordia y encontraremos la gracia que nos ayudará cuando más la necesitemos" (Hebreos 4:15-16).

Si Jesús fue tentado en *cada una de las pruebas* que enfrentamos nosotros, entonces, al parecer también se vio tentado con la homosexualidad, como algunos de nosotros. Sin embargo, nadie que lea atentamente a las escrituras llamaría gay a Jesús, así como no lo llamaría ladrón, mentiroso, adúltero o fornicario, porque nada en las escrituras nos da evidencia alguna de que haya sido alguna de esas cosas. Sin embargo, si Jesús de verdad fue tentado en cada una de las pruebas que nosotros enfrentamos, entonces podemos creer que de verdad también fue tentado con todas esas cosas.

Pero a Jesús *no lo definieron* sus tentaciones, y tampoco nos definen a nosotros. Dios, nuestro creador, es quien nos define, el Dios que nos tejió en el vientre de nuestras madres.

Cuando Dios me hizo, me hizo hombre, completo con todas las partes reproductivas masculinas que me declaran que soy hombre, incluyendo un cromosoma X y uno Y en cada célula de mi cuerpo. (Las mujeres, por otra parte, y por definición científica, tienen *dos* cromosomas X en cada célula de *sus* cuerpos).

Soy un hombre en todo el sentido de la palabra, creado desde la concepción para reproducirme heterosexualmente, si Dios quería que me reprodujera. Aunque puedo tener *sentimientos* hacia los hombres, o verme *tentado* a involucrarme en actividades sexuales más allá del heterosexualismo, esos sentimientos no me *definen*. Mis tentaciones no me definen.

El Dios que me creó es quien me define, y la ciencia da testimonio de la naturaleza y los propósitos para los que fui creado.

¿Esto quiere decir que está mal querer tener amistades cercanas con hombres? ¡Claro que no! ¿Esto quiere decir que está mal sentir atracción hacia un hombre o ser tentado a involucrarse romántica y sexualmente con un hombre? ¡Claro que no!

Nuestros deseos de amistad cercana, y nuestras tentaciones hacia cosas que pueden involucrar a esos amigos cercanos no nos hacen culpables de pecado, así como Jesús no fue culpable de pecado por los deseos y tentaciones que enfrentó. De nuevo, como lo afirmó el autor del libro de Hebreos: "Nuestro Sumo Sacerdote ...enfrentó todas y cada una de las pruebas que enfrentamos nosotros, sin embargo, él nunca pecó".

Podría decir que nuestras atracciones y deseos se forman por una combinación de factores, algunos de los cuales están relacionados con la naturaleza (la forma como nacimos), con la crianza (la forma como fuimos educados), y las circunstancias (las experiencias de vida que hemos tenido). Esto no es ciencia de cohetes, sino una sencilla observación de la naturaleza humana tal como cientos de personas me lo han expresado al compartirme sus experiencias de vida.

DANDO FORMA A NUESTROS DESEOS

Nuestra naturaleza y crianza, y nuestras experiencias sí sirven para dar forma a nuestros "gustos" y a nuestros "deseos", ya sea que el objeto de esos gustos y deseos sean cosas que podrían terminar siendo buenas, o ser perjudiciales para nosotros.

¡Y nuestros gustos se pueden alimentar o enfriar de muchas maneras!

Me asombra la manera como el fumar cigarrillos se estilizó tanto en la generación de mis padres, con anuncios que promocionaban beneficios para la salud pulmonar de las personas si fumaban. Un anuncio famoso decía: "Más médicos fuman cigarrillos Camel, que cualquier otro cigarrillo".

De hecho, los médicos aconsejaban a los pacientes que inhalaran a fondo humo de cigarrillo a fin de promover pulmones *más saludables*.

Pero ahora que el fumar está científicamente vinculado con el cáncer, esta actividad se ha demonizado casi en todo el mundo. La sociedad en general ha cambiado su punto de vista de manera dramática con respecto a fumar, así como también ha cambiado su perspectiva en muchas otras prácticas.

Aunque no lo creas, cuando yo era niño, usaba pijamas hechas con asbestos. Los asbestos son un excelente retardante de llama, así que se consideraba que era una buena idea saturar con este material la tela de nuestra ropa, en especial la ropa para dormir que usaban los infantes y niños que pudieran tener dificultades al escapar de una habitación en llamas.

Pero cuando se descubrió que esas mismas fibras de asbesto podían llegar a los pulmones de las personas y provocar cáncer de pulmón, el pensamiento de la sociedad en cuanto a este tema cambió casi de la noche a la mañana.

Así mismo, mi perspectiva sobre las atracciones hacia el mismo sexo cambió de la noche a la mañana cuando Dios me abrió los ojos frente a los efectos dañinos de lo que había hecho. Aunque todavía puedo ver algunos aspectos positivos de involucrarme en una relación homosexual, esos beneficios los supera con mucho peso el daño que podría causar a mi vida, no solo las enfermedades como el SIDA, que acabó con las vidas de muchos homosexuales en los años 1980, sino por las diferentes maneras en que la homosexualidad parece estafar la plenitud de vida que Dios tiene para mí.

Debido a este cambio en mi propia manera de pensar, rara vez permito que cualquier pensamiento fugaz respecto a las atracciones hacia el mismo sexo vaya más allá de eso, un simple pensamiento fugaz, así como rara vez (bueno, nunca) cedo ante un pensamiento fugaz respecto a la idea de comprar una pijama de asbesto para mí o para mis hijos.

Esto no es para decir que no puedo, si quisiera hacerlo, *tratar* de volver a inflar esa pelota de playa desinflada. ¡Estoy seguro de que podría! Pero no *quiero* porque *sé* que si lo hiciera sería como morir.

INFLANDO NUESTRAS PELOTAS DE PLAYA

Sin embargo, algunos de mis amigos, *han* tratado de inflar sus pelotas de playa y las he visto explotar cuando lo han hecho.

Por ejemplo, un amigo se casó con una de las chicas más hermosas que haya conocido. Tanto él como su esposa son muy atractivos físicamente, y bien parecidos.

Antes de casarse, mi amigo había luchado con atracciones hacia el mismo sexo, pero después de conocer a esa maravillosa chica, comenzaron a salir y tiempo después se casaron en una boda de película en una locación de maravilla.

Volví a encontrarme con mi amigo un año después de su boda, y quedé abrumado al enterarme que se estaba divorciando. ¿Cómo podía ser eso posible? Había estado tan enamorado de su novia, y ella también estaba muy enamorada de él. Todo parecía que iba a salir muy bien.

Pero las cosas no funcionaron, me dijo. Me encontré con él en un restaurante de su ciudad natal, conversamos por varias horas, lo escuché decirme que sencillamente ya no sentía interés físico hacia ella. Él quería volver a su vida de homosexualidad.

Me desconcertó por completo el hecho de que las cosas no estuvieran funcionando para él. Hice cuantas preguntas de sondeo que pude, pero no pude encontrar una razón.

Fue solo casi al final de nuestra conversación que él finalmente me dijo, como si fuera un comentario adicional, "bueno, dos semanas después de nuestro matrimonio yo *sí* dormí con el hombre que prestó el servicio de organización de nuestra boda". Y por alguna razón (no diría que sorprendente), a partir de ese punto, su matrimonio comenzó en decadencia.

"Intenté con el matrimonio", dijo en tono concluyente, "y no funcionó".

Yo quería gritar: "¡Tu *no* lo intentaste con el matrimonio! ¡Ni siquiera lo hiciste por *dos semanas*!"

Yo estaba asombrado. Y él estaba furioso. Me dolía el corazón por su esposa, una mujer que había sido el sueño de la mayoría de otros hombres, así como lo había sido para él en una ocasión, sin embargo, él saboteó su propio matrimonio debido a sus indiscreciones casuales, destruyéndola a ella al mismo tiempo.

Su matrimonio fallido no fue el resultado de la *supresión* de sus deseos hacia el mismo sexo; ese fue el resultado de su *indulgencia* hacia esos deseos, avivando la llama y dejando muchas personas quemadas por el camino.

Tengo otro amigo que nunca en su vida había tenido una relación homosexual, pero siempre se había preguntado cómo sería tenerla. Esas inquietudes quedaron atrás cuando se casó con una mujer que amaba entrañablemente, y juntos iniciaron una familia.

Sin embargo, años después, me confesó a mí y a su esposa que estaba en peligro de hacer realidad sus sentimientos homosexuales, diciendo que éstos habían vuelto a surgir después de mucho tiempo.

Me dijo que él y su esposa ya casi nunca tenían intimidad, esto se debía en parte a algunos problemas de salud que ella tenía. Según él, esto, combinado con su carencia de amistades masculinas cercanas en la ciudad donde vivía, lo hizo desear intimidad y una conexión más cercana con otros hombres.

Al hablar más acerca de esas atracciones hacia el mismo sexo y por qué después de tanto tiempo estaban teniendo una influencia tan fuerte, me confesó que ahora estaba viendo pornografía homosexual todos los días. Para él, era como leer el periódico matutino.

Así que no fue ninguna sorpresa para él ni para mí que ahora se estuviera sintiendo tan en riesgo de hacer realidad sus atracciones hacia el mismo sexo.

Esos sentimientos que había podido mantener alejados en el pasado, ahora estaban amenazando con atacarlo a él y a su matrimonio, y él los estaba alimentando a diario. Gracias a Dios, mi amigo tuvo la sabiduría y el valor de llamarme en medio de su lucha, dando así una válvula de escape para que sus tentaciones no lo consumieran.

Un cuento popular relata la historia de un padre que le dijo a su hijo que dentro de cada uno de nosotros viven dos lobos, uno de los cuales quiere hacer lo correcto y el otro quiere hacer lo malo. Cuando su hijo le preguntó cuál lobo iba a ganar al final, el padre respondió: "El que tú alimentes más".

La Biblia dice que hay una progresión natural en *desear* algo que puede ser perjudicial para nosotros, luego de desearlo, nos *involucramos* en, y luego *enfrentamos las consecuencias* de habernos involucrado.

Como el Apóstol Santiago dice: "Cuando alguno es tentado, no diga que es tentado de parte de Dios; porque Dios no puede ser tentado por el mal, ni él tienta a nadie; sino que cada uno es tentado, cuando de su propia concupiscencia es atraído y seducido. Entonces la concupiscencia, después que ha concebido, da a luz el pecado; y el pecado, siendo consumado, da a luz la muerte" (Santiago 1:13-15, RVR).

Esa es la progresión natural de nuestros deseos dañinos. Gracias a Dios hay una rampa para salir de este ciclo perjudicial, y Dios quiere que la tomemos siempre. No siempre es fácil, pero Dios en Su Palabra dice que *siempre* dará la salida, de lo cual hablaré más en el siguiente capítulo (lee 1 de Corintios 10:13).

DECLARANDO NUESTRA VICTORIA

Quiero darte otra sugerencia práctica para ayudarte a ti y a quienes amas a encontrar la libertad frente a sus luchas.

Un día salí con un amigo a caminar por un parque estatal aquí en Illinois, en nuestro recorrido encontramos un aviso que nos decía que justo en ese lugar se había presentado cierta batalla durante la guerra de independencia de los Estados Unidos.

Cuando miré más de cerca la placa, decía que dicha batalla se había dado durante el año 1779.

"¿1779?" Le dije en voz alta a mi amigo. "¿Acaso no obtuvimos nuestra independencia en 1776? ¿Por qué seguían librando batallas aquí en 1779?"

Luego recordé. ¡Claro! El 4 de julio de 1776 fue el día que *declaramos* nuestra independencia. Aun así, fueron necesarios siete años más de batallas sangrientas hasta dar por terminada la guerra por nuestra libertad.

El simple hecho de haber *declarado* nuestra independencia en 1776 no significó el *fin* de nuestras batallas.

De hecho, de muchas maneras, el día de nuestra declaración fue cuando las batallas comenzaron en serio. Y esas batallas no terminaron sino hasta más de siete años después, cuando los Estados Unidos e Inglaterra finalmente firmaron el *Tratado de Versalles* el 3 de septiembre del 1783.

Sin embargo, no conozco a nadie que celebre la firma del *Tratado de Versalles*, ni que recuerde la fecha cuando se firmó y se dio fin oficial a la guerra.

Lo que las personas celebran, y lo que más recordamos, es el día que *declaramos* nuestra libertad, la fecha que ha estado indeleblemente marcada en la mente de todo estadounidense, el 4 de julio de 1776.

Yo siento lo mismo con respecto al día cuando decidí poner mi fe en Cristo para todo en mi vida, febrero 9 de 1987.

Esa fecha también ha estado indeleblemente marcada en mi mente, porque fue cuando puse mi fe en Cristo para todo lo que sucediera en mi vida, declarando así mi libertad del yugo que la homosexualidad había tenido sobre mi vida hasta ese punto.

Esto no quiere decir que no ha habido escaramuzas desde entonces, o que no he tenido momentos cuando esas tentaciones han tratado de surgir en mi interior. ¡Eso no es una sorpresa! ¡Así es la vida! ¡Así es como opera la tentación!

Pero, decir que alguien no ha sido liberado de algo que alguna vez lo mantuvo cautivo, solo porque en ocasiones tiene que librar batallas, es como decir que los Estados Unidos no fueron libres el día que declararon su libertad, sino sólo en otra fecha después de haber dado fin a todas sus batallas, una fecha que casi nadie recuerda ya.

Cualquier persona que alguna vez haya renunciado a algo que ha disfrutado, así *sepa* que es algo que terminará siendo destructivo, sabe que *tomar la decisión* de renunciar a eso es tan importante como *ganar las batallas* que vendrán después de esa decisión.

La vida es demasiado corta como para seguir viviendo en algo que sabes que terminará destruyéndote.

Quiero animarte a poner tu fe en Cristo para todo en tu vida, así como también quiero animar a tu familia y amigos a que hagan lo mismo.

Declara tu libertad *hoy* de todo lo que sea tentador para ti, y aférrate a la libertad que Dios te está ofreciendo por medio de Su Hijo Jesucristo.

Así *podrás* cantar como el *salmista* cantó y como *yo he* podido cantar: "Por el camino de tus mandamientos correré, cuando ensanches mi corazón" (Salmo 119:32, RVR).

Guías de estudio para los capítulos 7 y 8

GUÍA DE ESTUDIO PARA EL CAPÍTULO 7: "EL VALOR DE UNA IGLESIA AMOROSA"

RESUMEN DEL CAPÍTULO

Algunas personas creen que la iglesia no ha respondido bien al tema de la homosexualidad. Pero el autor dice que su experiencia ha sido todo lo opuesto: Él dice que:

- ha encontrado que la iglesia es un santuario, un refugio, y un lugar de sanidad y aceptación,
- y es "allá afuera", en "el mundo", donde se ha sentido vilipendiado, maltratado, irrespetado, amenazado, intimidado y degradado.

A las personas que sienten que la iglesia les ha dado una mala respuesta ante este tema, él les pide que compartan cómo han sido sus experiencias personales, no refiriendo historias de otras personas que han escuchado acerca de algunas pocas iglesias que no son como Cristo y que suelen ser presentadas en las noticias.

Él cree que:

- la iglesia es la esperanza para el mundo,
- Cristo sigue perfeccionando a la iglesia para que sea Su esposa,
- y los líderes y las personas en varias iglesias a las que ha asistido, han sido los más atentos, de mayor ayuda y los más amables con respecto a este tema, incluso cuando todavía estaba involucrado en la homosexualidad.

El autor reconoce que es posible que sus experiencias no representen las de todos los demás y, en representación de la iglesia, se ha disculpado con quienes han tenido experiencias diferentes. Pero desde su perspectiva, la iglesia como un todo, ha tenido un asombroso registro en su manera de tratar con este tema.

Él concluye diciendo que la iglesia histórica, como se documenta en la Biblia, ha sido útil para él con relación a este tema:

- porque ve que personas en la iglesia de Corinto fueron liberadas de la homosexualidad de 20 a 22 años después de la vida de Cristo en la tierra,
- porque ve que este no es un asunto que se limita al siglo 21, sino algo que Dios ha estado afrontando hace 2000, 3000 y hasta 4000 años.
- y porque ve que las advertencias que Dios hace acerca de este asunto no pueden ser más claras y firmes.

A las personas que consideran que la Biblia no es clara ni firme en cuanto a este tema, el autor les pide que piensen cómo *quisieran* que Dios expresara sus advertencias a fin de hacerlas más claras o más firmes que lo que ya son.

Luego indica que la razón por la cual Dios es tan claro y firme en cuanto a este asunto no es porque a él le repugne la homosexualidad, sino porque al haber creado nuestra sexualidad, Dios sabe lo poderoso pero peligroso que puede ser el sexo si se usa de maneras para las que no fue diseñado.

Preguntas de Reflexión y Discusión

Lee Apocalipsis 19:7-9 ¿Por qué crees que Jesús todavía ama a la iglesia de hoy y espera la gran cena de bodas del Cordero? ¿Qué ánimo puede darte el amor que Jesús tiene por la iglesia en cuanto a la perspectiva que tienes de ella?

Lee Levítico 18:22, Levítico 20:13, Romanos 1:24-32 y 1 de Corintios 6:9-12. ¿Puedes pensar en palabras de advertencia que Dios puede haber usado y que pueden haber sido más fuertes o más claras que las registradas en la Biblia? ¿Qué palabras elegirías *tú* si fueras a hacer una advertencia en cuanto a algo que es tentador para otros pero que puede hacerles daño? ¿Usarías palabras más fuertes o más débiles que las ya registradas en la Biblia?

Lee Romanos 5:8. ¿Por qué los cristianos *no* pedimos la pena de muerte para quienes participan en actos de homosexualidad? ¿Qué ha cambiado desde la venida de Cristo? ¿La condena? ¿O el hecho que esa condena ya fue pagada?

¿Cuál ha sido tu experiencia personal con la iglesia en cuanto a este tema? ¿Has escuchado a líderes de tu iglesia hablar acerca de este asunto de formas desagradables, con odio y degradantes para los homosexuales? ¿O tu experiencia ha sido lo opuesto, donde los líderes de tu iglesia han hablado con compasión, amor y queriendo ayudar a quienes luchan con atracciones hacia el mismo sexo?

¿Por qué crees que las mismas pocas iglesias siguen llegando a los titulares de noticias cuando se habla de manera horrenda sobre los gays? ¿Crees que esas pocas iglesias hablan por la iglesia en general? ¿Hablan por ti?

¿Qué les sugiere el autor a las personas que sí *son* parte de iglesias donde los homosexuales son denunciados, menospreciados y humillados? ¿Se debería ir a una iglesia que respalda a los gays a fin de encontrar otro enfoque? ¿O crees que hay iglesias que consideran que los actos homosexuales son pecaminosos, pero que pueden tratar con dignidad y respeto a las personas que sienten atracciones hacia el mismo sexo?

¿Qué significado tiene para ti el hecho de que la Biblia diga que las personas en la iglesia de Corinto habían estado involucradas en la homosexualidad, pero que añada: "y esto *erais* algunos"? ¿Qué esperanza pueden dar estas palabras a quienes experimentan atracciones hacia el mismo sexo pero que no quieren hacer nada al respecto?

¿Qué dice acerca de la conciencia de Dios sobre este tema, y el corazón con respecto al mismo, el hecho de que Él haya hecho advertencias tan fuertes y claras hace unos 2.000 años en los días de Jesús, hace unos 3.300 años en los días de Moisés, y unos 4.000 años en los días de Abraham? ¿Crees que sus advertencias indican su escándalo ante la idea de que alguien considere comportarse según sus atracciones hacia el mismo sexo, o porque Él sabía muy bien que las personas se verían tentadas a hacerlo?

GUÍA DE ESTUDIO PARA EL CAPÍTULO 8: "ALGUNAS PALABRAS ACERCA DE LA TENTACIÓN"

RESUMEN DEL CAPÍTULO

Las tentaciones vienen de todas partes, así como las tuvo Jesús. Pero nuestras tentaciones:
- no nos definen, así como no definieron a Jesús,
- no nos controlan, así como no controlaron a Jesús,
- y no tienen que abrumarnos, porque Dios dijo que siempre daría la salida para escapar de nuestras tentaciones, y Él quiere que siempre tomemos esas vías de escape.

El autor sugiere varias ideas prácticas para ayudar a calmar deseos dañinos y alimentar los saludables, incluyendo:
- reconocer que sencillamente nunca debería haber lugar para algunas actividades, con lo cual se reducirían las inclinaciones del corazón,
- nunca tratar de volver a inflar esas pelotas de playa desinfladas a nuestros pies, al llamar a alguien "sólo para seguir en contacto" o dejando que nuestros pensamientos o vistazos se entretengan en algo que no es saludable,
- y comprometiéndonos a disfrutar de la plenitud sexual sólo cuando sea en la compañía de nuestro cónyuge, ni siquiera mediante la auto-gratificación.

Él también dice que no debería sorprendernos que las tentaciones continúen incluso después de haber declarado nuestra intención de alejarnos de ellas, así como las batallas de la Revolución de los Estados Unidos siguieron por varios años después de haber firmado la *Declaración de Independencia*. Declarar nuestra libertad es tan importante como librar las batallas que siguen. Sin embargo, no debería sorprendernos que vengan batallas, incluso durante años, así como las batallas de la Revolución de los Estados Unidos continuaron hasta la firma del *Tratado de Versalles*, más de siete años después de la firma de la *Declaración de Independencia*.

Preguntas de Reflexión y Discusión

Lee 2 Corintios 5:17. ¿Cómo se relaciona este versículo con la siguiente afirmación del autor?: "Cuando Dios transformó mi vida, no solo me cambió llevándome de ser una oruga a ser una mariposa, me hizo una nueva criatura".

Lee Juan 10:10. ¿Cómo se relaciona este versículo con el relato del autor acerca del hombre que terminó en una iglesia seca, superficial y aburrida y que dijo: "¿dejé las drogas por ESTO?"? ¿Alguna vez sentiste que la vida cristiana tiene *más* de lo que estabas experimentando? ¿Sientes que has encontrado la vida abundante que, según Jesús, está disponible para quienes han puesto su fe en Él, o todavía la estás buscando?

Lee Proverbios 4:23 y Proverbios 5:18-19. ¿Por qué el Rey Salomón dijo que guardáramos nuestro corazón? ¿Qué puede suceder si bajamos la guardia? ¿Cómo podemos guardar nuestros corazones y volver a concentrar nuestra atención en lo que Dios quiere que deseemos?

Lee Hebreos 4:15-16. ¿Qué dicen estos versículos acerca de las tentaciones de Jesús y si esas tentaciones eran consideradas pecado o no? ¿Por qué a Jesús no lo definieron sus tentaciones? ¿Por qué nuestras tentaciones no deberían definirnos?

Lee 1 Corintios 10:13. ¿Qué dice Dios que nos dará cada vez que seamos tentados? ¿De qué maneras dice el autor que las personas pueden calmar o alimentar sus deseos?

¿Por qué algunas personas se pueden ver sorprendidas por el hecho de que alguien que haya declarado su libertad en esta área todavía enfrente algunas tentaciones? Considerando el hecho de que la mayoría de estadounidenses celebran el 4 de julio de 1776 como una fiesta nacional en lugar de celebrar el 3 de septiembre de 1783, ¿qué dice esto acerca de la realidad de enfrentar batallas constantes para ganar nuestra libertad definitiva? ¿Qué dice esto acerca de la importancia de declarar nuestra libertad, en relación a obtener esa libertad?

Capítulo 9:

Algunas palabras acerca del dolor

———— ❖ ————

Donde comparto cómo el dolor puede tentarnos a hacer cosas que quizás nunca hayamos considerado hacer de otra forma, y cómo puedes ayudar a otros en medio de sus tiempos de dolor.

———— ❖ ————

Cuando sufrimos, a veces podemos vernos tentados a hacer cosas que quizás nunca consideraríamos hacer.

Incluso Jesús se vio tentado de vez en cuando a alejarse de la voluntad de Su Padre, hasta la misma noche antes de Su muerte. Jesús clamó en oración por si había otro camino diferente al que estaba por enfrentar.

Sin embargo, Jesús terminó sometiéndose a la voluntad de Su Padre, diciendo, "... Sin embargo, quiero que se haga tu voluntad, no la mía" (Lucas 22:42b, NTV).

La tentación es real, y yo tampoco estoy por encima de la tentación. A menos que pienses que en realidad no entiendo la lucha constante que muchos enfrentan a diario, quisiera compartir contigo el papel que ha jugado la tentación en mi vida, en especial en un tiempo de muy profundo dolor.

Poco después que mi esposa Lana fue diagnosticada con cáncer, los médicos nos dijeron que desafortunadamente ya se había extendido por todo su cuerpo. No podían hacer nada para detener su rápido crecimiento.

El día que recibimos la noticia, lloré en mi habitación por 24 horas seguidas. No pude salir ni siquiera para comer. Mi madre había muerto por el mismo tipo de cáncer, y no podía imaginar ver a mi esposa pasar también por lo mismo. Sabía que me estaba enfrentando a unos de los días más oscuros que enfrentaría en mi vida.

Durante los meses siguientes, el dolor que sentía al pensar en perder a Lana comenzó a volverse insoportable. Un día ella me pidió que habláramos sobre algo que la está inquietando. Dijo que estaba sintiendo celos al pensar con quién me casaría yo después en caso de que ella muriera.

Esa era una conversación que *yo no quería* tener. No podía imaginar perderla, mucho menos vivir sin ella, y ¡mucho menos tratar de imaginar tener otra relación con alguien diferente a ella!

No imaginaba que hubiera otra persona que pudiera entenderme como ella me entendía, o perdonarme como lo había hecho, o con quien pudiera tener una vida sexual fuera de serie como la que había tenido con ella. La lista de objeciones en mi mente seguía en aumento.

Pero pocos días después, en medio de mi pena y el dolor de pensar sobre todo eso, a mi cabeza vino un nuevo pensamiento, algo que ya ni siquiera me gustaba. Aunque no podía imaginar tener intimidad con alguna otra mujer por el resto de mi vida, la idea que vino a mi mente fue esta: "Pero si el *hombre* correcto llega... (o el hombre *incorrecto* como puede ser el caso)". ¡¿Qué?! Pensé, mientras mi mente explotaba en su interior.

"Sí", me dije a mí mismo, "sé lo que Dios dice en Su palabra. Y sí, he hablado sobre este tema por muchos años y he visto a Dios hacer cosas asombrosas. Pero estoy cansado. Tengo dolor. Y estoy sufriendo. Apenas puedo recordar algo que me haya dado algún tipo de alivio al dolor".

No podía creerlo. Casi por tres décadas no había considerado seriamente la homosexualidad. El solo pensarlo me asustó tanto que al día siguiente le dije a Lana lo que me había pasado y por qué. Ella fue mi mejor compañera de oración en la vida, incluso para cosas como estas.

Le pedí que orara por mí, así como lo había hecho siempre que le había confesado algo en el pasado, respecto a cualquier tema que me estuviera molestando. Lana oró conmigo, y dos semanas después Dios respondió a esas oraciones.

Durante esas dos semanas, sentí como si una nube oscura estuviera sobre mí todo el tiempo, algo como una niebla o algo pesado. No podía identificar de dónde venía o como deshacerme de eso. Lo único que podía hacer era confiar que Dios me ayudaría a salir de eso.

LA RESPUESTA DE DIOS

Dos semanas después de luchar con las razones por las que *pensé* algo como eso, Dios me habló muy claramente, tres veces el mismo día.

La primera vez que Dios me habló fue poco después de levantarme. Era un domingo por la mañana, y me senté para tener un tiempo de quietud antes de ir a la iglesia.

Al abrir mi Biblia, llegué al capítulo 1 del libro de Romanos, el mismo pasaje que leí cuando la luz vino a mí tantos años atrás, cuando Dios quiso tratar con mis atracciones hacia el mismo sexo. Al volver a leer las palabras de Pablo, todo volvió a mí.

"Eso es", pensé. "Es por eso que nunca volvería a la homosexualidad. Sé que, si lo hiciera, para mí sería como morir".

Esa mañana, al estar en la iglesia, nuestro pastor dijo algo acerca de la homosexualidad. Lo que dijo fue quizás la afirmación más simple y profunda que haya escuchado sobre este tema, después de tantos años de estudiarlo, leerlo y hablar a otros al respecto.

Mi pastor dijo: "Si haces algo que Dios dice que no debes hacer, no te va a ir bien".

Cuando dijo esas palabras fue como una segunda y más potente luz de una lámpara de tres bombillos que se encendió aquel día, iluminando mucho más mi mente.

Pensé: "Sí, Señor, eso es. También es por eso que no lo hago".

Y esa misma noche Dios me habló una tercera vez, en esta ocasión por medio de un amigo. Estaba hablando con él sobre mis temores de perder a Lana y de cómo la idea de la homosexualidad había vuelto a mi mente.

Él me dijo que lo mismo le había sucedido cuando enfrentó la posibilidad de perder a su esposa unos años antes. Dijo que en ese momento se había preguntado si así era como Dios le estaba diciendo que ahora estaba bien si quería involucrarse en la homosexualidad.

"¡Claro que no!" Dije "Dios no querría que hicieras eso, ¡y tampoco quiere que yo lo haga para suavizar el dolor que ahora estoy sintiendo!"

Una cosa era considerar la idea en mi propia mente, ¡pero otra muy diferente era escuchar palabras similares de la boca de mi amigo!

Tan pronto como él dijo eso, fue como si todo el resplandor de aquella lámpara hubiese entrado a mi mente.

"¡Claro que no!" Volví a pensar. "Aunque mi dolor sin duda es real, ¡*sé* que así no es como Dios quiere que enfrente mi dolor!

Todos estos años que he ministrado a personas que luchan con sus atracciones hacia el mismo sexo, han sido para ayudar a *aliviar* el dolor, no para aumentarlo. Y aunque sé que no puedo aliviar *todo el dolor* de las personas, espero poder al menos evitarles el *tipo de dolor malo*, el dolor que pueden causarse ellos mismos al hacer lo que quieren hacer, en lugar de hacer lo que Dios quiere que hagan.

Así como es posible que no tengamos elección respecto al tipo de tentaciones que enfrentamos, tampoco tenemos elección sobre el tipo de pelotas curvas que nos lance la vida.

Sin embargo, sí podemos elegir cómo responder a esas pelotas curvas.

EL ÁNIMO EN LA OSCURIDAD

En ese momento, con la luz de esa tercera luz, sentí desaparecer la oscuridad que había estado sobre mi cabeza durante las últimas semanas.

Ese día Dios me habló con claridad en tres ocasiones: primero en Su palabra, segundo usando al pastor de mi iglesia, y tercero con las palabras de un amigo cristiano que había enfrentado una lucha similar. En cada una de esas ocasiones, Dios me ayudó a entender que en la tierra no hay un dolor por el que valga la pena lanzarme yo mismo a un dolor más profundo.

Mi cabeza se aclaró de inmediato y desde entonces no volví atrás, ya han pasado cinco años. Aunque mi dolor y pena ante la posibilidad de perder a Lana, y el hecho mismo de haberla perdido, siguieron hasta sus últimos días y se extendieron por semanas y meses después de su fallecimiento, pude evitar ese dolor sobre el que *sí* tenía control.

Esa noche, después que Dios me habló con tanta claridad en tres ocasiones, pude decirle a Lana que sus oraciones por mí habían sido respondidas. Pude decirle que no tendría que preocuparse más por que yo volviera a la homosexualidad, así ella muriera, porque Dios había eliminado la niebla una vez más.

Como nota adicional, pocos meses después Lana me dio un hermoso regalo, cuando volvió a hablar sobre la posibilidad de volver a casarme. Dijo que había estado pensando más al respecto, y quería darme su bendición con la esperanza de que yo me *volviera* a casar algún día. Dijo que se sentía muy bendecida de tenerme como su esposo y sabía que yo sería una bendición para otra persona en el futuro.

Aunque aquel día no quería hablar sobre el tema, así como no quería hacerlo unos meses antes, agradecí mucho que ella pudiera tener paz en su corazón en cuanto a mi futuro, y que me diera su bendición si algún día llegaba el momento en el que yo de verdad pensara en volverme a casar.

Después de ese evento, hablé con otro pastor amigo sobre lo que me había pasado y él me dio una perspectiva muy útil. Me dijo que esos pensamientos no eran algo extraño, porque cuando enfrentamos dolor, a menudo nos vemos tentados a volvernos a cualquier cosa que pueda darnos algún alivio de ese dolor, muchas veces sintiéndonos atraídos al pasado. El Rey Salomón también habló de eso en Proverbios 26:11. (Dejaré que busques por tu cuenta esa cita).

Te relato esta historia para que sepas que tampoco me sorprende, si tú o alguien que conoces sigue luchando de vez en cuando con atracciones hacia el mismo sexo, incluso después de muchos años viviendo en libertad, y en especial cuando hay un profundo dolor. Ninguno de nosotros sale de este mundo sin ser tentado, ni siquiera Jesús.

Es entendible que algo de dolor pueda parecer tan insoportable que la idea de ceder a la tentación ya deja de parecer algo terrible.

También es comprensible si tú, como un amante y compasivo seguidor de Jesucristo, puedes sentir el deseo de decirles a tus seres queridos que sigan adelante y cedan a sus tentaciones. Quizás quieras decirles que de pronto no es tan mala idea, ante lo que estén enfrentando en ese momento. Quizás quieras decirles que disfruten cualquier alivio que puedan encontrar para su dolor, al menos por un poco de tiempo.

Pero ¿puedo animarte a mantenerte firme? ¿Puedo animarte a ser sabio en medio del dolor de tus seres queridos, y que les ofrezcas *verdadera* sabiduría que *de verdad* les ayude en medio de su situación?

Como mi pastor me recordó: "Si haces algo que Dios dice que no debes hacer, no te va a ir bien".

Quizás pienses que el dolor que tus amigos o familiares enfrentan ahora es insoportable, pero puedo asegurarte de que será mucho peor si ceden a sus tentaciones, en especial si Dios ha dicho que *no* debemos hacer lo que ellos quieren hacer. Sencillamente no les va a ir bien. No va a funcionar.

No puedo decirte todo lo que podría salir mal porque no puedo anticipar todo. Pero sé, en este caso especial, que el Padre sí sabe mejor.

Si haces algo que Dios dice que no debes hacer, no te va a ir bien. Y tampoco les irá bien a tus seres queridos.

¿UN PREMIO DE CONSOLACIÓN?

Algunas personas creen sinceramente que ser gay es la primera mejor opción que Dios tiene en mente para sus vidas o las de sus seres queridos. Creen que Dios *debe* haberlos hecho así porque no pueden pensar en otra razón que justifique por qué se sienten de esa manera.

Otras personas creen que, aunque ser gay no es la *primera mejor* opción, puede al menos estar cerca a la *segunda*, un premio de consolación para los que no obtuvieron lo que se necesita para tener la primera mejor opción en sus vidas. Aunque pueden creer que ser homosexual no es lo ideal, puede ser lo mejor que ellos o sus seres queridos pueden tener en esta tierra.

Pero Dios dice que la homosexualidad no es ni la primera mejor opción *ni* la segunda mejor opción. Dios dice que es *una opción perjudicial y destructiva*, no solo para los que se involucran en estas actividades, sino también para Sus planes y propósitos para la sexualidad y Sus planes y propósitos para el mundo como Él lo creó.

Hay quienes pueden decir: "¿Pero qué daño hace la homosexualidad? ¿Por qué no dejar que las personas hagan lo que quieren? No lastiman a nadie".

Ya he compartido algunos de los daños que *he* enfrentado por *mi* homosexualidad: la posibilidad real de contraer SIDA y perder la vida, la posibilidad real de engañarme a mí y a mi esposa para no tener lo que llegó a ser la relación más fabulosa que pudimos tener en la vida; y la posibilidad real de alterar los planes y propósitos de Dios al darnos el regalo de la sexualidad, para crear intimidad entre mi esposa y yo, y procrear hijos que mi esposa y yo pudiéramos amar.

Las personas pueden objetar y decir que hay formas de evitar cualquiera de esos daños. Sí, las hay. Pero apenas he comenzado y ya he listado tres daños *importantes* que podrían afectarme si hubiera seguido en el camino de la homosexualidad. La lista de perjuicios sigue y sigue.

Creo que quienes dicen que la homosexualidad no lastima a nadie nunca se han sentado con una esposa inconsolable porque su esposo la acaba de dejar por otro hombre, reconociendo que es homosexual, que siempre lo ha sido, y que eso es lo mejor para todos los involucrados.

Creo que los que han dicho eso nunca se han sentado con los hijos de alguien que los ha abandonado diciéndoles que sigan sus propios deseos en lugar de ser el padre o la madre de los niños que han engendrado.

Creo que esas personas nunca se sentaron con una novia destrozada, ahora con miedo de algún día casarse porque el hombre de sus sueños acaba de decirle que cree que es gay y que probablemente nunca lo superará, yéndose así a dormir con otro hombre para ver si es verdad lo que cree.

Desde mi punto de vista privilegiado, he visto a la homosexualidad hacer *mucho* daño. Y sí, también he visto al heterosexualismo hacer mucho daño. Esto es porque el sexo es como la electricidad: muy poderosa y útil cuando se retiene dentro de sus debidos límites, pero igual de poderosa y destructiva cuando se la libera sin restricción.

Siento dolor por las personas que han sido engañadas pensando que no tienen salida de las tentaciones que enfrentan, y por eso ceden. Me duelen esas personas, en especial porque *sé* que sí hay otro camino.

También siento dolor por las personas abandonadas por los que sienten atracciones hacia su mismo sexo cuando ceden a sus tentaciones, y en el proceso dejan un rastro de destrucción.

Alguien puede decir: "Bien, es mejor que alguien con esas atracciones se marche y no que permanezca en un matrimonio enfermizo y cause más dolor en el futuro".

Estaría de acuerdo si la única opción fuera causar más dolor en el futuro.

Pero esa manera de pensar pasa por alto el hecho de que Dios todavía sigue en el negocio de transformar vidas. No tiene en cuenta el hecho de que Dios ha ayudado, y sigue ayudando a otros a superar toda clase de luchas y tentaciones en sus vidas, así como me ha ayudado a mí y muchas otras personas que conozco.

Esa manera de pensar también menosprecia el hecho de que los matrimonios enfrentan toda clase de problemas, y algunas personas usan *esto* como excusa para no tratar con los otros problemas igual de reales en sus matrimonios.

CAMBIANDO UN DOLOR POR OTRO

Aunque en la Biblia y en nuestros corazones Dios ha hablado fuerte y claro sobre este asunto, el dolor tiene la capacidad de reducir nuestra habilidad para escuchar a Dios, a menos que permitamos que ese dolor nos acerque a Él.

En muchas ocasiones he visto cómo el dolor y la tentación no solo me han afectado a mí sino también a las personas que amo.

El padre de un amigo mío cometió adulterio. Cuando la verdad salió a la luz, el dolor que enfrentó la madre de mi amigo la llevó a quitarse la vida. Ante todo esto mi amigo y sus hermanos quedaron desesperados.

Como la relación de él con su padre ya se había deteriorado antes de ese evento, el dolor causado por el adulterio de su padre y la muerte de su madre lo hizo más susceptible a las tentaciones hacia el mismo sexo. Terminó sucumbiendo a los avances de un hombre de mayor edad, alguien incluso mayor que su propio padre.

El afecto y la atención de ese hombre satisficieron una necesidad válida en la vida de mi amigo, llenando los vacíos en su corazón. Sin embargo, para mí era irónico que el dolor resultante de *un* acto sexual ilegítimo hiciera que mi amigo se volviera a *otro* acto sexual ilegítimo para aliviar ese dolor. Mi amigo odiaba a su padre por haber cometido adulterio, pero cometió adulterio con aquel hombre mayor, puesto que él también estaba casado con una mujer y tenía una familia.

¡La familia de aquel hombre también se destruyó cuando *su* adulterio salió a la luz! Ahí estaba mi amigo, tratando de hacer frente al dolor del adulterio cometido por su padre, solo que, al tratar de hacerlo, cometió adulterio de la misma manera como su padre lo había hecho, salvo que con un hombre.

No estoy seguro si mi amigo alguna vez hizo la conexión entre lo que su padre le hizo a su familia y lo que él mismo había hecho a la familia de aquel hombre.

Estoy seguro de que mi amigo y si padre, e incluso aquel hombre mayor, estaban tratando de satisfacer sus necesidades legítimas, pero con métodos *increíblemente* inválidos, dejando a su paso un rastro de destrucción para los años por venir. Lo que cada una de las partes hizo fue cambiar un dolor por otro.

Otro amigo mío fue líder en el movimiento ex-gay por muchos años. Personalmente me ayudó de muchas maneras significativas al comienzo de mi propio viaje.

Sin embargo, hace algunos años supe que volvió a la homosexualidad, abandonando en el proceso a su segunda esposa y a su familia. A su primera esposa la dejó antes de ser cristiano, lo hizo para seguir su homosexualidad.

Aunque hizo mucho para ayudarme a mí y a muchos, su segundo matrimonio resultó ser muy difícil por múltiples razones, no solo por sus atracciones hacia el mismo sexo.

Cuando encontró a un hombre que captó su atención, decidió volver a la homosexualidad. Su nuevo interés lo convenció de que seguramente todo el tiempo estuvo leyendo las Escrituras de manera equivocada.

Si yo no entendiera tan bien la conexión que hay entre el dolor y la tentación, me habría confundido su repentino cambio hacia esta "nueva" interpretación de las Escrituras, que lo condujo a creer que la homosexualidad ahora es algo correcto, pero que respetar sus compromisos de largo plazo con su esposa y su familia ya no era necesario.

Una cosa es pensar que está bien ser gay, pero otra es usar esa creencia como justificación para abandonar las otras partes de la Escritura que ya entiendes como verdad. (O, como Mark Twain suele ser citado diciendo: "Las partes que no entiendo de la Biblia no son las que me molestan, sino las que sí entiendo").

Aunque mi amigo dice que ahora se siente más libre que antes, y estoy seguro de que así es, puedo imaginar que su esposa y su familia sentirán el aguijón de su decisión durante años.

No estoy lanzando piedras a mi amigo. Ya te he confesado que sé cómo es tener tanto dolor al punto de vernos tentados a dejar todo lo que hemos aprendido, o enseñado, o creído, o escuchado, o leído en la Palabra de Dios, para encontrar alivio. Lo entiendo. De verdad que sí lo entiendo.

Pero también me entristece el corazón cada vez que escucho que algo como esto sucede porque, con la correcta sabiduría de Dios, el apoyo de una sólida iglesia local, y el toque de algunos amigos amorosos, se podría evitar mucho de este trágico dolor.

NO TODOS TIENEN UNA LANA

Algunos pueden pensar que pude manejar mejor que otros mis atracciones hacia el mismo sexo gracias a que mi crianza fue muy positiva o porque tuve a alguien como Lana a mi lado. Estoy seguro de que las personas que dicen esto tienen algo de razón. *Sí* creo que esas cosas me han ayudado mucho, y siento mucha gratitud por ello.

Recuerdo que un día compartí con una persona cómo había dejado la homosexualidad y me había casado con Lana, la mujer de mis sueños. Esta persona nos conocía a Lana y a mí, y dijo: "Sí, pero no todos tienen una Lana".

Su afirmación me hizo callar por unos días y tomé tiempo para considerar lo que dijo y dejar que la verdad de sus palabras penetrara.

Ella tenía razón. No todos *tienen* una Lana en sus vidas, y eso lo lamento mucho. Pero después de otros días considerándolo, comprendí otra verdad: ¡Yo tampoco contaba más con Lana!

¿Cómo lo estaba logrando, y cómo iba a continuar lográndolo sin esa increíble compañera de vida a mi lado? Bueno, lo estoy logrando porque voy a seguir haciendo lo que Dios me ha mostrado que debo hacer, con o sin Lana a mi lado. Verás, no se trata de tener o no tener a Lana (¡por mucho que quisiera que muchos tuvieran a alguien así a su lado!)

Se trata de encontrar la "salida" de Dios para escapar de las nubes de la tentación cuando se presenten, una vía de salida que Dios ha prometido proveer *siempre*. Como dice la Biblia: "No os ha sobrevenido ninguna tentación que no sea humana; pero fiel es Dios, que no os dejará ser tentados más de lo que podéis resistir, sino que dará también juntamente con la tentación la salida, para que podáis soportar" (1 Corintios 10:13).

Claro que Lana me ayudó, pero Dios también ha provisto otras "salidas".

Incluso en las horas más oscuras de mi vida, Dios ha provisto una salida por medio de Su Palabra, por medio de Su Iglesia, y por medio de algunos amigos cristianos maduros, incluyendo a Lana.

Cuando no pude encontrar la salida por mí mismo, Dios respondió a nuestras oraciones ayudándome a encontrarla.

Dios puede usar *toda clase de cosas* para darnos una vía de escape, pero estas tres son especialmente útiles: permanecer en Su Palabra, permanecer en Su Iglesia, y permanecer en comunión con amigos maduros en Cristo.

¡TÚ PUEDES AYUDAR!

¡Aquí es donde *tú* entras! *Tú* puedes ser el amigo que tus seres queridos necesitan cuando están enfrentando momentos de dolor y sufrimiento.

Tú puedes ser su verdadero "alivio para el dolor", no diciéndoles que "sigan" algo que podría darles algún alivio temporal, pero a la larga podría causarles más dolor que nunca.

Tú puedes caminar al lado de tus seres queridos durante sus tiempos de mayor necesidad.

Una de las mayores tragedias que escucho estos días es cuando cristianos aparentemente firmes y de muchos años en el Señor sienten que no tienen un amigo o familiar en quien puedan confiar de verdad.

Hace poco se conoció la noticia que un famoso cantante cristiano se declaró gay, afectando con esto a su esposa, sus seguidores y sus amigos. Ninguna de estas personas más cercanas a él tenía alguna idea de que por años él había luchado con atracciones hacia el mismo sexo.

Para mí, la parte más triste de su historia fue que él sentía que no tenía a nadie con quien pudiera compartir sus luchas. No es que las personas alrededor de él no hubiesen estado dispuestas a ayudarlo si él se abría con ellas, sino que, por alguna razón, él sintió que no podía ser honesto con ellos.

Para cuando finalmente les confesó sus atracciones hacia el mismo sexo a su esposa, a su familia y amigos, ya estaba completamente comprometido con dejar a su familia en involucrarse de lleno en la homosexualidad. En ese punto ya no había retorno para él, y el oleaje que provocó cuando golpeó las aguas de la homosexualidad sigue teniendo impacto hoy.

En una entrevista después de haber publicado sus inclinaciones, este cantante dijo que se sentía muy aliviado del dolor que había mantenido escondido por años, y luego añadió: "Ya no creo que Dios me odia".

Aunque me alegra que sepa ahora que Dios no lo odia, la verdad es que Dios *nunca lo odió*. Dios lo amó incluso en medio de sus luchas secretas con atracciones hacia el mismo sexo.

Por alguna razón, había creído una mentira, pensando que, debido a sus atracciones, Dios debía odiarlo, cuando la verdad era que Dios lo había amado todo el tiempo, con o sin atracciones hacia el mismo sexo.

Este cantante cambió la verdad de Dios por una mentira, y esa mentira lo condujo a dejar a su esposa y a su familia, pensando que les hacía un favor. Habiendo ocultado su lucha por tanto tiempo, nunca tuvo la oportunidad de beneficiarse con la luz.

Te animo a que ayudes a tus seres queridos para que abran su corazón y expresen el dolor que están sintiendo. Dales permiso de hablar sobre la realidad que hay en sus corazones y mentes. Ofrece un oído atento si algún día quieren hablar, luego, cuando tengas la oportunidad, habla la verdad a sus vidas, en amor, siempre que observes que han dado lugar a una mentira.

Si te parece que estoy sonando una alarma al tratar de advertir a las personas que no sigan en la homosexualidad, ¡es porque lo estoy haciendo! Estoy tratando de advertirles, así como Dios trató de advertirme, ¡y tuvo éxito!

Dios nos da sus advertencias por Su gran amor para con nosotros, no por Su gran odio hacia nosotros. Y Dios quiere que también advirtamos a los demás desde una posición de amor.

EL PROBLEMA CON EL PROBLEMA

Al terminar este capítulo, quiero compartir contigo una última historia acerca del dolor, y cómo éste puede llevar a las personas a hacer lo que nunca harían.

Sin embargo, esta historia es sobre un personaje literario de ficción, un hombre que fue descubierto como gay muchos años después de la publicación de la serie de libros en la que aparecía.

En estos libros, el hombre era presentado como un héroe, y la autora, al igual que muchos de los lectores de los libros, lo describía como "el epítome de la bondad".

Muchos años después de la publicación de los libros, la autora respondió a una pregunta acerca de los libros, y en su respuesta, hizo una delicada afirmación sobre su personaje, diciendo, "Siempre pensé en él como si fuera alguien gay".

Esta afirmación impactó de muchas maneras a los lectores: algunos se regocijaron en que uno de sus personajes más queridos de toda la literatura era gay, aunque los otros se vieron sorprendidos fuera de guardia, tratando de ver cómo uno de sus personajes favoritos podía ser homosexual. La manera como este personaje es percibido ahora se ha visto alterada para siempre por el pequeño trozo de siete palabras que dijo la autora.

Yo fui uno de esos lectores que fue sorprendido fuera de guardia. Pero al pensar más acerca de la afirmación del autor, y al considerar unos de los pasajes en los libros que describían su historia de vida, pude ver con certeza por qué *podía* ser gay, en especial a la luz de lo que decía sobre sus años de niñez.

Al recordar su historia, este personaje describió de la siguiente manera el tiempo en su vida cuando supuestamente era gay: "Dos meses de locura, de sueños crueles y de rechazo por parte de los únicos dos miembros de mi familia que me quedaban... Él huyó mientras yo me quedé para enterrar a mi hermana y aprender a vivir con mi culpa, y mi terrible pena, el precio de mi vergüenza".

Aunque esto viene de una obra de ficción, lo he visto pasar tantas veces en la realidad, como para saber que sus palabras describen, de manera muy poderosa, cómo el dolor nos puede llevar a cualquiera de nosotros a hacer cosas que nunca considerarías hacer en otras circunstancias. Si este personaje hubiese tenido un amigo como tú, su historia habría sido diferente. :)

Hay una razón por la cual las personas con dolor tratan de correr hacia cualquier cosa que tenga la posibilidad de aliviarlo. "El problema con el problema", he oído decir, "es que por lo general comienza como algo muy divertido".

Pero no dejes que el dolor te impulse a ti o a tus amigos o familiares hacia algo que puede causar un dolor mucho más profundo al final, en especial cuando hay un mejor camino.

Dios *quiere* ayudarnos a aliviar nuestro dolor, en el momento correcto, y *quiere* satisfacer nuestras necesidades legítimas, pero de maneras legítimas.

Oro por que animes a tus amigos a hacer lo mismo. Quizás solo los salves de sufrir mucho más dolor.

Como dice la Biblia: "Mis amados hermanos, si alguno de ustedes se aparta de la verdad y otro lo hace volver, pueden estar seguros de que quien haga volver al pecador de su mal camino salvará a esa persona de la muerte y traerá como resultado el perdón de muchos pecados" (Santiago 5:19-20).

Capítulo 10:

La importancia del libre albedrío

❖

Donde comparto la importancia de dejar que otros ejerzan su libre albedrío, así como Dios te permite ejercer el tuyo.

❖

La mayoría de personas con quienes he hablado con respecto a atracciones hacia el mismo sexo, son personas que me han buscado. Me han escuchado hablar, o han leído mi testimonio, o han escuchado mi historia de parte de un amigo o familiar.

La belleza de esto es que la mayoría de personas con quienes he hablado han *querido* escuchar lo que tengo para decir. Han estado intrigados por la idea de que quizás no tengan que seguir viviendo en algo que ni pidieron ni desearon.

Esta puede ser una de las razones por las cuales la mayoría de personas con quienes he hablado ha encontrado que mi posición en este tema es de *gran esperanza,* porque a menudo desean tener en sus vidas la misma libertad que ven en la mía.

Pero también quiero relatarte unas historias acerca de unas de las pocas personas a quienes *he* buscado para hablar sobre este tema.

Algunos de ellos han sido hombres con quienes tuve una relación en el pasado y quise compartir con ellos lo que Dios ha hecho por mí.

Otros han sido amigos que seguían ese estilo de vida cuando yo estaba envuelto en la homosexualidad, pero con quienes no estuve involucrado íntimamente.

Algunos han sido personas que he conocido a lo largo de mi vida, y por quienes me he sentido impulsado a compartir mi historia.

Me alegra decir que casi siempre he encontrado una audiencia receptiva entre esas personas, por lo menos en un comienzo. No presiono, pero tampoco me contengo si están dispuestos a escuchar, y por lo general así es. Mis amigos me han escuchado relatar mi historia, y he escuchado sus más profundos pensamientos en respuesta. Siempre he apreciado esas oportunidades para compartir.

Pero creo que también es importante que sepas que los resultados finales de muchas de estas conversaciones no han provocado *ningún* cambio externo en las vidas de esas personas, al menos no que yo los haya podido ver.

Al momento de escribir esto, ninguno de mis antiguos compañeros sentimentales ha llegado a las mismas conclusiones que yo llegué. Ninguno de mis amigos gays de mi pasado en la homosexualidad ha tenido la misma experiencia transformadora que yo tuve, incluso después de haber escuchado a fondo mi historia y haber dedicado tiempo para orar juntos. Al comienzo de este libro, bromeé un poco al decir que solo se necesita un psicólogo para cambiar una bombilla "pero para hacerlo es necesario que la *quiera* cambiar".

Aun así, me siento bien con el hecho de que he podido hablar con cada uno de esos hombres y compartir mi historia con ellos. Y, en varias ocasiones, he sentido que no fui solo *yo* el que quería compartir mi historia con ellos, sino *Dios mismo* el que organizó nuestros encuentros.

Al relatarte estas historias, quiero *animarte* a seguir compartiéndolas con los que te rodean, no importa si ves o no resultados al hacerlo. También quiero animarte a compartirlas de una manera que honre y respete las decisiones que tus amigos y familiares han hecho y que no afecte la afectuosa amistad que tienes con ellos.

Como dice la Biblia, "Si tuviera el don de profecía y entendiera todos los planes secretos de Dios y contara con todo el conocimiento, y si tuviera una fe que me hiciera capaz de mover montañas, pero no amara a otros, yo no sería nada" (1 Corintios 13:2).

UNA CITA DIVINA

En una ocasión hice un viaje personal hasta el otro lado del país para visitar a un amigo y llevarlo a una conferencia para hombres.

Antes de ese fin de semana, sentí que Dios me estaba animando a que compartiera mi testimonio con él. Él nunca había luchado con la homosexualidad, pero aun así sentí que, por el bien de nuestra amistad, era importante que compartiera con él esa parte importante de mi vida.

Y pensé que ese era el fin de semana adecuado para hacerlo. Aunque estaba nervioso y renuente, estaba dispuesto a hacerlo. Después de encontrarnos, traté dos o tres veces de hablar del tema, pero nuestra conversación tomaba otro rumbo antes de que pudiera hacerlo.

Cuando llegó el momento de tomar mi vuelo de vuelta a casa, abordé el avión sintiéndome un poco desanimado porque no pude compartir con él lo que sentía que Dios había estado poniendo en mi corazón.

Al tomar asiento en el avión para volver a casa, me pregunté por qué no había escuchado a Dios, y en ese momento un hombre se sentó a mi lado, abrió una Biblia de estudio grande de pasta dura y la puso en la bandeja frente a su silla. Era exactamente la primera Biblia de estudio que yo compré cuando llegué a Cristo hace muchos años. La mía ya estaba desgastada y andrajosa, pero la de él se veía fresca y deslumbrantemente nueva. La tenía abierta en la primera página del primer libro del Nuevo Testamento, el libro de Mateo.

Miré para ver quién estaba a mi lado, y, para mi asombro, ¡era un amigo con quien había ido a la universidad hacía unos 15 años!

En ese entonces los dos sabíamos que éramos homosexuales, e incluso hablamos de tener un encuentro íntimo una noche. Pero momentos antes de hacerlo, algo me detuvo por completo.

Me excusé diciéndole que por alguna razón no me sentía bien de hacerlo. Nunca supe por qué, y nunca tuve una relación sexual con él. Sin embargo, seguimos siendo amigos, y de vez en cuando nos encontrábamos mientras estuvimos en la universidad.

Al estar a su lado en ese avión, busqué en el fondo de mi cerebro para tratar de recordar su nombre. Cuando finalmente lo recordé, lo dije de inmediato en voz alta.

Él me miró y también dijo mi nombre, ¡y no sé cuál de los dos quedó más sorprendido de estar sentados "al azar" uno al lado del otro en ese avión!

Le pregunté por la Biblia que tenía abierta en la bandeja frente a él.

Me dijo que su madre se la había dado justo antes de subir al avión, ella pensaba que él debía leerla. Por años, ella había estado orando por él, esperando ayudarlo a ordenar su vida. Me dijo que ni siquiera sabía por dónde comenzar porque nunca antes había leído la Biblia. Es por eso que la tenía abierta en el primer libro del Nuevo Testamento, porque vio que ahí era donde se encontraban los relatos acerca de Jesús.

Le dije que ese era un *excelente* punto de partida, que yo tenía la misma Biblia y que las palabras de Jesús en el libro de Mateo habían cambiado mi vida para siempre, sacándome de la homosexualidad para mi bien. (La historia de los hombres ciegos en Mateo, capítulo 9, donde Jesús les preguntó: "¿Creen que puedo sanarlos?")

Después de mi decepcionante fin de semana, sintiéndome bloqueado a cada intento de compartir mi testimonio con mi otro amigo, quedé asombrado al ver que, en mi viaje de regreso, *esta* puerta se había abierto de par en par, ¡con una mesa servida por Dios mismo para los dos!

Mi amigo también estaba sorprendido y ansioso por escuchar lo que yo tenía para decirle, y, si yo hubiera escuchado con suficiente atención, probablemente habría escuchado a su madre decir algunos "amén" y "aleluya" en la distancia, sabiendo que Dios sin duda respondería sus oraciones tan pronto como su hijo abriera ese libro tan especial.

Su madre no habría podido imaginarse que Dios iba a proveer un *Testamento Viviente* como compañero de viaje para su hijo en ese mismo momento, alguien que podría confirmar y dar testimonio de lo que él estaba a punto de leer en el Nuevo Testamento.

Compartí mi historia como él, así como lo he hecho contigo en este libro.

Él estuvo muy atento durante todo el vuelo, hizo preguntas, relató historias, y compartió las alegrías y frustraciones de ser gay en la ciudad donde vivía.

Terminamos nuestro tiempo juntos con una oración y un abrazo, cada uno siguió su camino, todavía sorprendidos por la Cita Divina que Dios había organizado.

Yo había estado sintiendo la fuerte necesidad de compartir mi historia ese fin de semana, pero *no* lo hice con mi amigo que fue a la conferencia de varones, y que nunca había luchado con la homosexualidad. Lo hice con un amigo de mucho tiempo atrás, quien estuvo muy abierto a mi mensaje y había estado involucrado activamente en la homosexualidad hasta ese mismo día.

CONFIANDO EN DIOS

Quisiera poder decirte que la vida de mi amigo cambió dramáticamente durante los días siguientes a nuestro encuentro, y que ha elegido seguir a Cristo, así como yo lo hice. Pero hasta donde tengo conocimiento, eso no sucedió aquel día, y todavía no ha sucedido.

Sin embargo, no puedo evitar pensar que Dios tenía *algo* en mente para que yo lo compartiera ese día, porque hizo algo que yo solo nunca habría podido orquestar. Y, como ya lo he dicho, me tomó *años* cambiar mi manera de pensar sobre este tema hasta ese día cuando todo lo que había escuchado hasta ese punto, finalmente surtió efecto.

Debo confiar que el mismo Dios que organizó esa Cita Divina en el avión la usará de alguna manera para atraer a mi amigo hacía Él cuánto sea posible.

También sé que Dios les da a las personas libre albedrío, la libertad de tomar sus propias decisiones en cuanto a lo que van a hacer con sus vidas y los caminos que van a seguir. Como Bruce le dice a Dios en la película *Bruce Todopoderoso:*

"¿Cómo puedes hacer que alguien te ame sin afectar su libre albedrío?"

"Bienvenido a Mi mundo, hijo", responde Dios. "Encuentra la respuesta a esa pregunta, y hablamos."

El libre albedrío es una de las cosas más hermosas, pero más difíciles que le podemos ofrecer a alguien. Pero Dios nos lo da a cada uno de nosotros con tanta libertad, y creo que Él quiere que nosotros hagamos lo mismo, incluso cuando sea muy difícil hacerlo.

VERDADEROS AMIGOS

He hecho muchos otros viajes, algunos por negocios y otros por placer, a varias otras ciudades del mundo, donde he podido hablar con algunos de mis viejos amigos gays.

En cada una de esas reuniones hemos podido renovar nuestra amistad, animarnos el uno al otro por compartir juntos, y he podido compartir mi historia con ellos, así como lo hice con mi amigo de la universidad en ese avión.

En algunas ocasiones he podido seguir en contacto con mis amigos, ya sea por teléfono, correo electrónico o por redes sociales. Pero al haber compartido mi testimonio con ellos, y a su vez haber escuchado sus historias, por lo general no he vuelto a hablar del tema. He dejado las conversaciones en su lado de la cancha, para mantener viva nuestra genuina amistad, y sabiendo que, si algún día quieren hablar más, pueden hacerlo.

Por mucho que quisiera que las cosas positivas en mi vida afectaran positivamente a mis amigos, en realidad aprecio mi amistad por lo que ellos son, no por lo que puedo lograr en ellos o incluso lo que creo que tengo para ofrecerles.

Si somos amigos con las personas *solo* con el fin de evangelizar, o *solo* para convertirlos a nuestro punto de vista, debo preguntar si de verdad somos verdaderos amigos.

Los verdaderos amigos les dan a los demás el espacio para tener sus propios pensamientos y convicciones, incluso si esos pensamientos y convicciones difieren dramáticamente de los propios. Como un amigo me dijo una vez: "No sacrifiques a otros en el altar de tus creencias".

Aunque me apasionan mis convicciones, y me encantaría que todos eligieran el camino que yo he elegido, también trato de respetar el libre albedrío que los demás tienen para tomar sus propias decisiones en la vida.

Después de compartir en una ocasión con alguien, sigo dispuesto a seguir hablando más con esa persona, en especial si Dios me impulsa a hacerlo. Pero también quiero respetar la genuina amistad que compartimos, y no hago que sea condicional dependiendo de si ellos aceptan lo que creo, o que yo acepte lo que ellos creen.

Hay algo liberador y de gozo en las relaciones que de verdad son incondicionales, así nuestras intenciones sean buenas al querer que nuestros amigos lleguen a nuestro punto de vista.

Comparto estas historias contigo para animarte a compartir tus pensamientos y sentimientos con tu familia y amigos, incluso en temas sensibles como este, haciéndolo con prudencia, y en *especial* si sientes que Dios ha abierto la puerta para que lo hagas.

No tengas miedo de decirles a tus amigos y familiares lo que piensas. Eso es parte lo que hace que nuestras relaciones sean tan genuinas, reales y significativas.

También quiero animarte a darles a tus amigos y familiares el espacio que pueden necesitar para llegar a sus propias conclusiones, respetando y honrando su libre albedrío de seguir o no el camino que les sugieres, así como esperas que ellos respeten y honren tu libre albedrío de seguir o no el camino que ellos sugieren.

Creo que, si nunca lo has intentado, encontrarás que es algo liberador hacerlo. Veo que cada situación será diferente, desde luego, y no puedo decir que mi enfoque sea el mejor o el único. Pero sí puedo decir que me ha ayudado a mantener las puertas abiertas para conversaciones futuras, y a mantener mis relaciones intactas mucho mejor que cuando he tratado de hacerlo de otra manera.

En una ocasión, una mujer confrontó al evangelista D.L. Moody, diciéndole: "No me gusta mucho su método de evangelismo".

A lo cual Moody respondió: "A mí tampoco me gusta mucho mi método. Dígame ¿cuál es el suyo?"

Ella dijo: "No tengo ninguno".

A lo cual Moody respondió: "¡Entonces me gusta más mi método!"

Mi método puede no ser *tú* método, ¡pero oro porque pruebes *alguno!*

Quizás nunca en tu vida le hayas expresado a otra persona tus pensamientos en cuanto a este tema (o es probable que nunca en tu vida tampoco le hayas compartido a alguien lo que piensas acerca de Cristo).

De ser así, ¿puedo animarte a que consideres hacerlo?

Quizás Dios *no te haya* tocado en esa área de tu vida como lo hizo conmigo, pero creo que *sí* lo ha hecho en otros aspectos. Y puedo imaginar, si has llegado hasta este punto del libro, que también conoces el poder de Dios y sabes que él puede hacer cualquier cosa, nada le es imposible.

Quizás tengas una fe inquebrantable en Dios, y en la Palabra de Dios como está en la Biblia, y hay personas que *necesitan* escuchar de tu fe inquebrantable. Es posible que no conozcas todas las respuestas sobre la homosexualidad, pero para cuando termines de leer este libro, espero que puedas tener mucho más para ofrecer, comparado con lo que tenías antes.

De ser así, ¿puedo animarte a hablar de lo que *sí* sabes, o escribirlo, de modo que otra persona pueda escuchar lo que tienes para decir? Y cuando lo digas, hazlo con seguridad, pero dilo con respeto hacia el libre albedrío de las otras personas, así como esperarías que ellos respeten tu libertad para decidir.

Como me dijo un amigo en una ocasión, y vale la pena repetirlo ahora: "No sacrifiques a otros en el altar de tus creencias".

CONVERSACIÓN CON ADOLESCENTES

Quiero relatarte otra historia para animarte a comprender que, si compartes lo que piensas acerca de este tema, eso puede transformar una vida, incluso con los que *no* te han pedido que les expreses tu opinión.

Una noche, después de haberme ido a la cama, cerca de las 11 p.m., recibí una llamada. Era un pastor que conocía muy bien, así que contesté.

Acababa de encontrar a tres adolescentes de su iglesia que estaban involucrados en una relación de trío. Ellos y sus padres se habían quedado en la iglesia para organizar algunas cosas después de un evento, y fue durante ese tiempo que se presentó el encuentro.

Cuando el pastor me llamó, los padres todavía estaban allá, los chicos seguían allá, al igual que el pastor y su esposa. Me estaban llamando para preguntarme si podía ir a su iglesia para ayudarlos a saber qué hacer. Ahora, ¡esto sin duda iba a ser incómodo para todos los involucrados!

Conduje hasta su iglesia y entré al lugar de reunión donde se encontraban los tres avergonzados adolescentes sentados junto a sus tres parejas de confundidos padres, quienes estaban junto a su pastor y su esposa quienes deseaban ayudar, pero no sabían bien qué hacer. ¡Y se suponía que yo debía tener todas las respuestas a sus preguntas!

Lo asombroso es que Dios *sí* me dio algunas respuestas aquella noche, y *pudimos* avanzar en medio de la situación con la mayor sabiduría y gracia posible.

Hablé a todo el grupo, luego hablé con los adolescentes, luego con los padres y el pastor y su esposa. Programé reuniones personales para la semana siguiente con cada uno de los adolescentes, además de una reunión de seguimiento con cada pareja de padres, luego otra reunión con todos los adolescentes juntos. (Esta no es una fórmula, solo pensé en compartir cómo abordamos esa incómoda situación tanto aquella noche como en las semanas siguientes).

Después de escuchar sus historias y compartir la mía, cada uno de los adolescentes dijo que estaba dispuesto a seguir un camino diferente al que estaban siguiendo la noche cuando fueron sorprendidos.

En los años siguientes a ese evento, esos tres chicos terminaron casándose con tres mujeres maravillosas, y todos están empezando sus propias familias. Aunque fue incómodo para ellos el haber sido sorprendidos, no puedo evitar pensar que la gracia de Dios permitió que eso sucediera.

Gracias a Dios, en gran parte debido a que un pastor que oró y actuó para ayudarlos a ellos y a sus padres, que estaban dispuestos a acompañarlos en medio de ese tiempo crítico de sus vidas, estos jóvenes ahora están viviendo la vida que ellos creen, y yo creo, que Dios los llamó a vivir.

Aunque esos adolescentes no *pidieron* mi opinión, pudieron adoptarla cuando la escucharon, y sus vidas fueron transformadas en el proceso.

¿PROHIBIENDO LA CONVERSACIÓN CON ADOLESCENTES?

He compartido esta historia para animarte a entender que tus palabras y acciones *pueden* hacer una diferencia, incluso con personas que *no han* pedido tu ayuda.

Pero también he compartido este relato contigo porque en los últimos años ha habido un movimiento que *prohíbe* a las personas hablar de esta manera con los adolescentes, evitando que ellos reciban el mismo tipo de sabiduría y respaldo que yo pude darles a esas familias aquella noche.

Hace pocos años, aquí en mi propio estado, una ley fue presentada para votación, la cual prohibía a los consejeros profesionales licenciados *sugerir* a cualquier persona menor de 18 años lo que yo les sugerí a esos chicos aquella noche: que no tenían que ser homosexuales si eso no es lo que querían para sus vidas, y que no estaban atrapados en los sentimientos o actividades que los condujeron a ese punto la noche que fueron sorprendidos.

Según esta ley, cualquier profesional en salud mental estaría obligado a *no dar* información a un menor de 18 años a quien estuviera aconsejando, indicándole que sí existe la posibilidad de cambiar, así ese menor le dijera que quiere ayuda en ese sentido, e incluso si los padres firmaran un consentimiento para que el consejero pueda ofrecer ese tipo de ayuda.

Es más, los consejeros profesionales tampoco estarían autorizados para *remitir* esos clientes a otra persona que pudiera ofrecer ese tipo de ayuda o consejo, ni siquiera si el cliente pidiera específicamente esa información, de lo contrario, el consejero profesional se vería "sujeto a acciones disciplinarias por parte de las respectivas autoridades licenciantes". Me sorprendió que una propuesta de ley como esa hubiera llegado tan lejos.

Aunque no soy consejero profesional licenciado, he visto bastantes cambios positivos en las vidas de personas como estos tres adolescentes, sin mencionar los cientos de adultos, de los cuales la mayoría alcanzaron sus metas de no permitir que sus atracciones hacia el mismo sexo controlaran sus futuros si querían procurar un resultado diferente para sus vidas.

Algunas personas dicen que este es *el derecho a la auto determinación*, el derecho a decidir tu propio futuro y cómo va a ser. En algunos aspectos, yo lo llamaría *libre albedrío*.

Aunque esta propuesta de ley estaba bajo consideración, supe que el representante de mi distrito estaba preguntándose cómo votar y que estaba dispuesto a escuchar opiniones de parte de sus electores.

Llamé a su oficina y dejé un mensaje hablando de los cambios positivos que he visto en mi propia vida y en las vidas de muchos otros que conozco, incluso personas que vivían en su propio distrito. Él no tardó en devolver la llamada para hablar un poco más al respecto, y escuchó atentamente lo que yo tenía que decir.

Luego preguntó: "¿Qué de aquellas personas que afirman que este tipo de consejería es *perjudicial?*

Yo le dije: "También he escuchado a otros decir eso, y estoy seguro de que hay quienes han sido heridos por *toda clase* de consejería en *todo tipo* de formas. Pero en *mis* 30 años de experiencia hablando con cientos de personas que han luchado con las atracciones hacia el mismo sexo, no he encontrado una sola vez que ese sea el caso. Por el contrario, las personas con las que he hablado se han sentido esperanzadas, en muchos casos por primera vez en sus vidas, al escuchar que *sí* tienen una opción, que de verdad *pueden* vivir el tipo de vidas que quieren vivir".

Al día siguiente me sentí agradecido de ver que él votó como yo esperaba que lo hiciera, lo cual para mí era una sencilla decisión de dar a las personas el derecho de la autodeterminación.

Desafortunadamente la ley fue aprobada de todas formas, y en muchos otros estados se han presentado propuestas de leyes similares, cortando así el derecho que cualquier persona menor de 18 años tiene para recibir ayuda con algo en lo que se siente atrapada y no puede encontrar la salida por sí sola.

LA IDEA DE DIOS

Encuentro irónico que la mujer que presentó esta propuesta de ley en nuestro estado es una lesbiana que ha dedicado años a luchar, y ganar, por el derecho a seguir el camino que ella considera mejor para su propia vida, pero ahora quería restringir a *otros* para que no siguieran el camino que *ellos* consideran mejor para sus vidas.

Si queremos que los demás respeten nuestro libre albedrío, debemos respetar el de ellos. Creo que, si esa mujer honestamente se interesara en la salud mental de los niños, habría *buscado* ofrecerles todo el rango de libertades por las que ella ha luchado y ganado para sí misma. Pero en lugar de hacerlo, ahora estaba sacrificando a los demás en el altar de sus creencias.

Aunque me entristece saber que a nadie se le puede pedir que contra su voluntad reciba consejería para cambiar sus inclinaciones sexuales, también me entristecen restricciones como estas que *prohíben* que las personas que sí quieren ayuda no la puedan obtener de parte de quienes la pueden dar, ¡o incluso que no puedan obtener una remisión a alguien que pueda dar ese tipo de ayuda!

Hay quienes sienten que es malo restringir los derechos de los que *quieren* seguir con sus atracciones hacia el mismo sexo, así que para mí es igual de malo restringir los derechos de quienes *no* quieren seguir sus atracciones hacia el mismo sexo, aquellas personas que de verdad quieren ayuda para alcanzar sus propias metas.

En lugar de ser perjudiciales, de acuerdo con la pregunta del representante, he encontrado, según mi propia experiencia y la de cientos de personas con quienes he hablado personalmente, que, para muchas, *muchas* personas, esas conversaciones y consejos han sido útiles, de esperanza y de vida.

El libre albedrío no es solo una buena idea, es la idea de Dios.

Aunque Dios tiene planes para cada una de nuestras vidas, nos permite elegir por nosotros mismos si hemos de seguir sus planes o no.

Como Josué le dijo al pueblo de Israel: "Por lo tanto, teme al Señor y sírvelo con todo el corazón... Pero si te niegas a servir al Señor, elige hoy mismo a quién servirás... Pero en cuanto a mí y a mi familia, nosotros serviremos al Señor" (Josué 24:14-15, NTV).

MANTENIENDO LAS AMISTADES

Aunque tengo convicciones firmes en cuanto a lo que creo, aun así, sigo teniendo amistad con personas que piensan diferente, incluso en este tema. ¡No tengo problema con eso! ¡Son mis amigos!

El simple hecho de que mis amigos y yo tengamos creencias diferentes sobre ciertos temas, no impide que comparta lo que pienso con ellos. Pero *como* son mis amigos, tampoco trato de atacarlos por eso. No hablo mal de ellos en las redes sociales. No les envío artículos airados para expresar mis frustraciones y lo ridículos que me parecen por tener esas creencias.

Quizás tú tengas otro enfoque con tus amigos. De ser así, con gusto respeto tu libre albedrío, ¡también! Sólo quiero estar seguro de que has pensado detenidamente y orado con respecto a ese enfoque, asegurándote de que honre y respete el libre albedrío de las personas que estás tratando de alcanzar.

Cualquier diferencia que pueda haber entre mi metodología y la de otros puede basarse en estilo o personalidad, o sólo en hacer seguimiento a lo que es, y lo que no es efectivo para mí. Pero quería compartir contigo lo que hago, y lo que no hago, porque considero que es muy posible tener una discusión abierta y civilizada sobre temas como estos, dando espacio para que otros ejerzan su libre albedrío, así como Dios me permitió ejercerlo.

Si lo que estoy diciendo respecto a honrar y respetar el libre albedrío de los demás no suena como gran cosa, lo siento. ¡No lo es! Y de hecho no promuevo el punto de vista que afirma que todas las creencias son iguales.

Pero como ya lo he dicho, dentro del entorno de las ideas, creo que las creencias que tengo se pueden defender por sí solas, e incluso prevalecer. Es por eso que considero de gran valor que compartamos esas ideas.

Sin embargo, también creo que esas ideas las debemos expresar con civismo y amabilidad, y con afecto y amor mutuo, en especial hacia las personas que son difíciles de amar.

Quisiera que todos pudieran experimentar lo que yo he experimentado al poner mi fe en Jesús. Quisiera que todos pudieran experimentar lo que yo he experimentado desde que salí de la homosexualidad. Pero tampoco voy a retorcerme si alguien no *quiere* experimentar lo que yo he vivido, así yo desee mucho que esa persona lo viva. No todos *quieren* cambiar.

Para algunos, volver al closet es como volver a una jaula. Para otros, tener que *seguir viviendo* algo que nunca pidieron ni desearon, también es como volver a una jaula. *Nadie* quiere sentirse atrapado en una jaula. Y esa es la belleza del libre albedrío. Nadie tiene que sentirse así.

Aunque Dios *podría* forzar a todos a que hicieran Su voluntad, Él es un Caballero y nos permite elegir por nosotros mismos el camino que hemos de seguir.

Cuando hables con tus familiares y amigos, te animo a que lo hagas como yo suelo animar a las personas a quienes he ministrado, y a los legisladores en su intento por gobernar bien al pueblo: dales a las personas el mismo libre albedrío, el mismo derecho a determinar sus propios futuros, así como Dios te lo dio a ti.

Guías de estudio para los capítulos 9 y 10

GUÍA DE ESTUDIO PARA EL CAPÍTULO 9: "ALGUNAS PALABRAS ACERCA DEL DOLOR"

RESUMEN DEL CAPÍTULO

El dolor puede llevarnos a considerar hacer cosas que quizás nunca hayamos pensado hacer. Incluso Jesús enfrentó unas de sus peores tentaciones la noche de su muerte.

El autor menciona cuatro cosas que lo ayudaron en medio de un tiempo cuando enfrentó algo de su más profundo dolor:

- pidió oración,
- leyó las Escrituras,
- fue a la iglesia,
- y habló con un amigo.

Cada una de esas actividades llevó fruto, puesto que esas oraciones fueron respondidas, la Palabra cobró vida y recibió ánimo en su iglesia y con su amigo.

Cuando la verdad finalmente penetró, sus tentaciones y la oscuridad desaparecieron. Durante ese tiempo, el autor escuchó uno de los mejores consejos que ha escuchado con respecto a las atracciones hacia el mismo sexo, cuando su pastor dijo: "Si haces algo que Dios dice que no debes hacer, no te va a ir bien."

PREGUNTAS DE REFLEXIÓN Y DISCUSIÓN

Lee Lucas 22:39-46. ¿Qué les dijo Jesús a sus discípulos que debían hacer para no caer en tentación? Cuando pudo verse tentado a hacer otra cosa, ¿qué hizo Jesús para mantenerse fiel al camino que Su Padre había trazado para Él? ¿De qué manera este pasaje describe la angustia misma de Jesús en medio de ese momento tan difícil?

Lee Santiago 5:19-20. ¿Qué dice el Apóstol Santiago que sucederá siempre que ayudemos a alguien a alejarse del pecado?

¿Por qué el dolor tienta a las personas a considerar hacer cosas que quizás nunca antes consideraron hacer?

¿Qué cosas podemos hacer para protegernos de las tentaciones cuando estemos en medio del dolor? ¿Qué podemos hacer por otros para ayudar a protegerlos de las tentaciones cuando enfrenten dolor?

¿Alguna vez has conocido a alguien que al estar en medio del dolor tomó una mala decisión respecto a sus tentaciones? ¿Alguna vez has tomado una mala decisión, o te has visto tentado a hacerlo, estando en dolor?

¿Qué sucede cuando alguien hace algo que Dios dice que no debemos hacer? ¿Por qué el pecado *siempre* es una opción destructiva a largo plazo, y no sólo una segunda o tercera mejor opción?

¿Alguna vez has experimentado la verdad de esta afirmación?: "El problema con los problemas es que por lo general comienzan como algo muy divertido." De ser así, ¿cuál fue el resultado? ¿De qué manera el "pensar cómo salir" en lugar de solo "sentir que debes salir", ha cambiado el resultado?

GUÍA DE ESTUDIO PARA EL CAPÍTULO 10: "LA IMPORTANCIA DEL LIBRE ALBEDRÍO"

RESUMEN DEL CAPÍTULO

¿Cómo interactuamos con personas que se aferran a sus más profundas convicciones, así como nosotros nos aferramos a las nuestras? El autor hace tres sugerencias:

- sigue siendo útil y bueno expresar nuestras creencias, puesto que esa es la manera como los verdaderos amigos y familiares pueden aprender mejor el uno del otro.
- después de compartir el uno con el otro sus convicciones más profundas, también es de utilidad y bueno respetar el libre albedrío que los demás tienen para elegir y mantenerse firmes en sus propias decisiones.
- es importante mantener abierta la puerta de la comunicación para conversaciones futuras sobre el tema.

El autor dice que gran parte del éxito que ha tenido en sus conversaciones con quienes experimentan atracciones hacia el mismo sexo, posiblemente se debe al hecho de que la mayoría de personas con las que interactúa lo han buscado a él. Entre las personas a las que *él* se ha acercado para conversar sobre el tema, en lugar de que haya sido a la inversa, a menudo ha encontrado amables oyentes, pero poco cambio, a menos que la persona de verdad *quiera* cambiar.

Si bien el autor entiende que otros pueden tomar enfoques diferentes a sus conversaciones sobre este tema, también afirma que algunos quizás no tengan ningún enfoque en absoluto. Él anima a las personas a considerar al menos *algún* método para interactuar con sus amigos y familiares con respecto a este tema.

El autor también relata la historia de tres jóvenes que *no* pidieron su ayuda, pero cuyos padres y pastor sí lo hicieron, y cómo Dios usó lo que él compartió para traer nueva dirección a sus vidas.

Él añade que, aunque hay quienes pueden decir que es perjudicial *obligar* a las personas a cambiar, es igualmente perjudicial *impedir* que obtengan ayuda para alcanzar sus propias metas en la vida, así como muchos gays también han luchado y ganado el derecho a seguir y alcanzar sus propias metas.

El autor concluye con las palabras de un amigo, que resumen cómo podemos respetar el libre albedrío de cada persona: "No sacrifiques a los demás en el altar de tus creencias".

PREGUNTAS DE REFLEXIÓN Y DISCUSIÓN

Lee 1 Corintios 13:2. ¿De qué manera este pasaje se aplica a nuestras interacciones con las personas que *quieren* seguir sin restricción sus atracciones hacia el mismo sexo? ¿Cómo podemos expresar nuestro amor, incluso cuando no estamos de acuerdo con algo que hace una persona?

Lee Josué 24:15. ¿Qué dice Josué en este pasaje respecto a darles a los demás la libertad de ejercer su propio libre albedrío? ¿Qué dice Josué respecto a ejercer *su* propio libre albedrío, sin importar lo que los demás puedan decir? ¿Cómo podemos aplicar este principio a las conversaciones con nuestros seres queridos y con quienes podemos discrepar respecto a las decisiones que tomamos en nuestras vidas?

Aunque el autor bromeaba respecto a la cantidad de psicólogos que se necesitan para cambiar una bombilla, ¿Qué verdad puede haber en el remate del chiste: "Es necesario que la bombilla de verdad quiera cambiar"? Si las personas no quieren hacer cambios en sus vidas, o no creen que esos cambios sean posibles, ¿qué probabilidades hay de que de verdad cambien? ¿Cómo las historias en este libro pueden ayudar a alguien a desear ese tipo de cambio o a creer que sí es posible cambiar?

¿Alguna vez te has sentido *impulsado* por Dios a hacer algo? Y, en comparación, ¿alguna vez te has sentido *obligado* por Dios a hacer algo, pero no necesariamente impulsado? ¿Encontraste alguna diferencia en los resultados?

¿Por qué Dios a veces quiere que compartamos una verdad con otra persona, aunque no veamos ningún resultado al hacerlo?

¿Qué le preguntó D.L. Moody a una mujer que le dijo que no le gustaba su método de alcanzar a otros? Después de escuchar su respuesta, ¿por qué dijo él que prefería su propio método? ¿Y cómo es en tu caso? ¿Qué método has encontrado efectivo para amar a los gays?

Habiendo leído hasta este punto del libro, ¿qué ideas prácticas has encontrado respecto a amar mejor a los gays?

Habiendo leído hasta este punto del libro, ¿qué piensas respecto a la idea de los legisladores de impedir que las personas que *no* quieren seguir sus atracciones hacia el mismo sexo obtengan ayuda para alcanzar sus metas? ¿Qué piensas en cuanto a la idea de que los adolescentes en particular en muchos estados ahora no puedan recibir ayuda en esta área?

Aunque quizás *queramos* que otros experimenten lo que nosotros hemos disfrutado en nuestra vida, y aunque puede ser útil y bueno compartir con otros nuestras experiencias, ¿por qué es importante dejar que los demás ejerzan su propio libre albedrío con respecto a lo que hemos compartido? ¿Qué beneficios podría traer el siguiente consejo: "No sacrifiques a otros en el altar de tus creencias"?

Capítulo 11:

La importancia de los cinturones de seguridad

──────── ❖ ────────

Donde comparto acerca de la importancia de usar nuestros cinturones de seguridad, en especial ahora que el péndulo sobre este tema está moviéndose tan rápido.

──────── ❖ ────────

Hace unos meses, una buena amiga mía me estaba animando a orar por la persona que Dios podía traer a mi vida como posible esposa para la siguiente etapa de mi vida.

Sin embargo, observé que cuando lo mencionaba, se refería a mi futura esposa como "tu persona". "Ora por tu persona", o "anhelo conocer a tu persona" o "quizás tu persona es alguien que ya conoces".

No pensé mucho en su elección de palabras hasta que leí un artículo de una mujer que estaba en una relación con otra persona del mismo sexo y que describió a su compañera como "mi persona".

Así que la siguiente vez que hablé con mi amiga, le dije: "He notado que siempre que te refieres a mi posible futura esposa, nunca usas la palabra 'ella', sino que usas 'tu persona'. Solo quiero saber si lo haces de manera intencional, y si es así, ¿es porque piensas que 'mi persona' podría ser una mujer *o* un hombre?"

Mi amiga hizo una pausa por un momento y pensó seriamente en mi pregunta, lo cual también hizo que me detuviera y tratara de llenar los espacios en blanco por mí mismo: *Después de todo lo que conoce de mí, ¿ella de verdad piensa que Dios ahora querría que me case con un hombre en lugar de hacerlo con una mujer?*

En lugar de responder de inmediato, dijo que le gustaría orar al respecto por unos días y luego volver a darme su respuesta.

Pocos días después lo hizo. Me envió una nota diciendo, entre otras cosas sinceras y amables: "Creo que puedes tener la relación que desees a la profundidad que quieras con cualquier hombre o mujer con quien compartas una atracción mutua. Estoy contigo. Te apoyo, cualquiera sea tu elección".

Aunque ella era sincera con sus palabras, y sabía que lo que estaba diciendo podía sorprenderme, lo que no supo fue lo devastadoras que fueron sus palabras después de leerlas, me desanimaron por completo y me hirieron.

Es como si estuviera negado todo lo que Dios había hablado a mi vida en cuanto a este tema; así como las miles de horas que había pasado orando al respecto; o los cientos de conversaciones que he tenido con personas que han buscado mi ayuda para liberarse de las atracciones hacia el mismo sexo; o la gran cantidad de charlas que he dado y artículos que he escrito y libros que he publicado, cada uno exigiendo un gran costo para mí mismo y mi familia; es como si ella estuviera negando mi matrimonio con Lana y el nacimiento de mis seis hijos; y negara la conversación más significante y transformadora que he tenido con Dios en toda mi vida, la conversación que me hizo poner mi fe en Cristo y confiar en Él plenamente para todo en mi vida, incluyendo mi sexualidad.

Lo que más me afectó fue que si *ella* no creía que Dios me había estado hablando con tanta claridad y de manera tan consistente en cuanto a este tema durante más de treinta años, entonces ¿quién *podría* creerme?

Ya tenía otros nueve amigos cristianos que habían cambiado sus posiciones sobre la homosexualidad durante los últimos años. Ellos, como muchos otros en nuestro país, habían "evolucionado" en su manera de pensar, creyendo que la homosexualidad ahora estaba bien y era bueno, algo que podía celebrarse.

Cada vez que un amigo me ha dicho que ahora acepta la homosexualidad, me he sentido más desanimado, un poco más aislado, un poco más solo.

Sé que la intención de mis amigos no es hacer eso, pero no saben que para alguien como yo, que ha luchado con este difícil problema por muchos años, no le es fácil escuchar lo que dicen, es como si las personas más cercanas a ti insinuaran que ya no creen en lo que has estado diciendo todo el tiempo, ya no creen en que Dios te ha estado hablando, y ya no creen en todo aquello por lo que has luchado, enfrentado y a lo que has renunciado con el fin de ayudarte a ti mismo y a otros a vivir sus vidas un poco mejor, con un poco más de libertad. Es absolutamente descorazonador.

La sugerencia de mi amiga, diciendo que yo podía casarme con quien quisiera casarme, sin importar su género, fue lo que terminó desanimándome más. Fue una afirmación que me derribó al piso. Sentí como si *yo* fuera esa pelota de playa desinflada de que describí antes, y que me habían hundido al fondo del océano, sin que me quedara nada de aire adentro.

Para ser honesto, no sabía si algún día podría volver a escribir una palabra o dar otra charla sobre este tema. Si mi amiga más cercana ya no creía en lo que yo decía, ¿cómo podría *alguien* creerme?

VOLVIENDO A PONERME DE PIE

Pero lo que me ayudó a volver a ponerme de pie, a abrir mi computadora y tratar de dar una explicación, una vez más, fue que sabía que mis amigos que estaban cambiando de posición sobre este tema, no lo hacían porque no me creían a mí, al menos no directamente, sino porque ahora estaban tratando de identificar por sí mismos la mejor manera de amar a quienes los rodeaban y que experimentaban atracciones hacia el mismo sexo.

También sabía que *muchas* personas a quienes había servido personalmente me *habían* creído, y *seguían* creyendo en mí, y sus vidas eran un reflejo de la verdad que he estado exponiendo todos estos años.

Conozco a muchas personas cuyas vidas han sido totalmente transformadas por las palabras que he compartido sobre mi propia transformación. He visto a Dios obrar de manera tan poderosa en mi vida y en las vidas de otras personas, que *sé* que seguirá haciendo lo mismo en más vidas y de maneras aún más poderosas.

También sé que de mí no depende cambiar los corazones, las vidas o las creencias que los demás tengan en cuanto a este tema, sino que todo esto depende de Dios mismo, sólo Él puede hacer algo así.

Como dijo el Apóstol Pablo: "Y mi mensaje y mi predicación fueron muy sencillos. En lugar de usar discursos ingeniosos y persuasivos, confié solamente en el poder del Espíritu Santo. Lo hice así para que ustedes no confiaran en la sabiduría humana sino en el poder de Dios" (1 Corintios 2:4-5).

Incluso *mi* fe no provino de las palabras de Pablo solas, sino de una demostración del poder del Espíritu cuando Dios le dio vida a estas palabras para mí.

Literalmente me tendí una y otra vez en el piso por varios días seguidos, y al hacerlo las palabras que siempre venían a mi mente eran las mismas que el ciego dijo después de haber sido sanado: "Una cosa sé; que habiendo yo sido ciego, ahora veo" (Juan 9:25b).

Sabía que mi amiga no quería herirme ni aplastarme o desanimarme. Sabía, y lo apreciaba mucho, que ella estaba tratando de expresar lo mucho que me amaba, lo mucho que estaba dispuesta a *defenderme*, y a *apoyarme* sin importar cuál fuera mi elección.

OTRO CLAVADO PROFUNDO

Así que, después de recuperarme del impacto inicial de sus palabras, decidí volver a Dios una vez más y preguntarle si había algo más que quería decirme en cuanto a este tema, algo que Él quería que yo escuchara.

No soy tan engreído como para pensar que he sondeado toda la profundidad de lo que Dios tiene para decir en cuanto a este tema, o cualquier otro tema, como para no volver a él una y otra vez en busca de *más*. Aunque por muchos años he hablado con Dios muchas veces sobre esto, aproveché esta oportunidad para volver a mirar todo lo que Dios me había dicho en el pasado y cualquier cosa adicional que pudiera decirme ahora.

Este libro que estás leyendo ahora, es el resultado de esa "revisión" con Dios.

La verdad es que el paisaje *ha* cambiado significativamente en este tema durante los últimos años, no solo aquí en los Estados Unidos, sino también en todo el mundo. El paisaje *también* ha cambiado en mi mundo personal ahora que he vuelto a estar soltero y me pregunto qué me deparará el futuro con respecto a otra posible relación duradera.

Decidí usar como trampolín las palabras de mi amiga a fin de aclarar mis pensamientos en cuanto a este asunto en donde fuera posible y ajustar lo que fuera necesario.

Este ejercicio ha resultado de mucho valor para mí, y por eso agradezco mucho las palabras de mi amiga, aunque fue difícil escucharlas. Personalmente he compartido con ella lo que pienso, así como lo estoy compartiendo contigo. Ella no quería hacerme daño, y yo lo sabía. Sólo quería apoyarme sin importar lo que yo hiciera.

Hasta este punto ya he compartido contigo muchas de las conclusiones a las que he llegado en cuanto a este tema. Y quisiera compartir algunas de las aclaraciones y ajustes que aprendí en esta última inmersión que hice para analizar lo que considero la voluntad de Dios al respecto, y espero que también te sean útiles.

UN NUEVO PAISAJE

La verdad para mí es que ya no existen algunas de las barreras que en otro momento me contuvieron de buscar una relación homosexual a largo plazo.

Si quisiera, ahora *podría* casarme legalmente con un hombre. Ahora *podría* tener una relación abierta con otro hombre, y tener gran aceptación si así lo quisiera, e incluso sería considerado un héroe. Ahora *podría* adoptar hijos legalmente o ser el padre de mis propios hijos por medio de una madre sustituta, y criarlos con un padre gay. Ahora *podría* unirme a cualquier número de iglesias que me darían la bienvenida y me aceptaría como abiertamente gay. Ahora *podría* encontrar un sinnúmero de libros que ciernen sombras de duda sobre las Escrituras, las cuales en realidad parecen ser muy claras.

Según estas nuevas realidades del mundo, me pregunté ¿qué *elegiría*, si de verdad pudiera escoger sin ningún obstáculo, sin ninguna restricción, aquello que *de verdad* deseara en lo profundo de mi ser? ¿Si de verdad fuera una opción para mí, de verdad *desearía* tener una relación gay permanente? ¿O *preferiría* tener una relación heterosexual permanente, dados mis pensamientos y sentimientos más profundos, y los deseos de mi corazón?

También decidí darme un clavado profundo en esas aguas, así pareciera muy arriesgado, y aquí está lo que encontré.

Aunque pude ver que casarme con un hombre o una mujer podría satisfacer *ciertos* apetitos de mi corazón, no encontraría satisfacción para los *mismos* apetitos. Porque, a pesar de todo lo que se dice sobre la igualdad de matrimonio, casarme con un hombre *no* sería lo mismo que casarme con una mujer, porque cada opción pone algo muy diferente sobre la mesa.

Si casarme con un hombre fuera *igual* que casarme con una mujer, las personas no tendrían preferencias de matrimonio según un género u otro. Son las mismas *diferencias* entre hombres y mujeres las que hacen que las personas quieran casarse con alguien del mismo sexo y no con alguien del sexo opuesto. La verdadera igualdad de matrimonio no haría diferencias entre hombres y mujeres.

Pero algunas de las personas que más han luchado por la igualdad de matrimonio son aquellas que ignoran esas diferencias. Quieren casarse con la persona de su elección, *precisamente porque* esa persona es un hombre o una mujer.

Cuando alguien quiere cambiar su género a otro, no es porque sienta que ambos géneros son lo mismo, sino porque siente que, de hecho, ambos géneros son diferentes, y prefiere identificarse con un género *más* que con otro.

Algunos hombres quieren la libertad de vestirse como mujeres, negando al mismo tiempo que existen diferencias entre ambos géneros. Pero si no hubiese diferencias, entonces su manera de vestir no importaría. Así mismo, algunas mujeres quieren la libertad de comportarse como hombres, vivir como hombres, y ser tratadas como hombres, negando que haya verdaderas diferencias entre hombres y mujeres.

Los hombres y las mujeres *no* son lo mismo, y son sus *diferencias* las que hacen que un género sea más atractivo que otro para algunas personas.

EL SEXO NATURAL

Para mí, aunque disfruté de relaciones románticas y sexuales con hombres en el pasado, y podría imaginar disfrutar de ese tipo de relaciones en el futuro, la biología inherente de las partes del cuerpo involucradas me hace entender que hay algo completamente "antinatural" en ese tipo de relación.

Con esto estoy diciendo que así *no* tomara en cuenta lo que Dios dice sobre el sexo en la Biblia, y *sólo* tomara en cuenta lo que puedo ver con mis ojos en la naturaleza que me rodea, puedo ver que las partes sexuales en un acto homosexual no coinciden muy bien.

En una relación del mismo sexo nunca se podría cumplir uno de los principales propósitos para los que esas partes *parecen* haber sido diseñadas.

Aunque hay otras formas de estimular esas partes del cuerpo, las cuales pueden producir genuino placer, la verdad es que el sexo entre dos hombres o entre dos mujeres siempre será, en el mejor de los casos una *simulación* del sexo entre un hombre y una mujer. En el peor de los casos, involucrarse en ese tipo de actividad podría causar daños reales.

Por ejemplo, y vuelvo a decirlo, no quiero ser gráfico, sólo usar una perspectiva científica, las paredes del revestimiento de una vagina humana son más gruesas y más elásticas que las paredes del revestimiento de un ano humano, por lo cual éste último se rompe mucho más fácil durante un acto sexual. Así mismo, el órgano sexual de una mujer produce su propia lubricación cuando se lo estimula, como también sucede con el del hombre, lo cual significa que esas partes no solo encajan, sino que lo hacen con más facilidad, mientras que el canal anal no produce esa lubricación, ni siquiera con estimulación sexual.

Podría describir la fecundidad que se puede dar con el acto heterosexual cuando un espermatozoide y un óvulo se unen, comparado con la infecundidad que hay entre el acto sexual de dos hombres cuando el semen es liberado dentro de un orificio que parece estar mucho más claramente diseñado para excretar los desperdicios. También puedo describir mucho más, pero no lo haré.

Estos son sólo unos pocos de los contrastes entre los dos tipos de interacción sexual que puedo observar en la naturaleza y que me sirven de indicador suficiente para entender que algo está mal en el sexo entre personas del mismo género, que no es bueno, que algo no es correcto.

Esto ni siquiera toma en cuenta las diferencias entre el sexo de lesbianas o el sexo oral, o las caricias mutuas de los órganos sexuales en muchas otras maneras. Si bien, no hay duda que estos actos pueden ser placenteros y crear un fuerte grado de intimidad entre dos personas, en lo que respecta a lo natural, es decir, según como vemos la naturaleza, y al menos según el propósito primordial que cada uno de esos órganos tiene, puedo decir que el acto sexual entre dos personas del mismo sexo, en el mejor de los casos, es una emulación de sexo heterosexual, y en el peor de los casos, en realidad puede ser dañina o destructiva.

Cuando el Apóstol Pablo dice en Romanos 1 que el sexo homosexual es "contra lo natural", no creo que use esa palabra de manera despectiva. No está diciendo que el sexo homosexual sea "asqueroso" o "repulsivo". Lo que está diciendo, es sencillamente que va contra lo que el sexo humano se nos presenta en la naturaleza, sin importar si atribuimos el diseño del sexo a la naturaleza o a Dios.

SEXO SOBRESALIENTE

Hay quienes pueden decir que algunos animales a veces tienen comportamientos homosexuales, y que otros, como las lombrices, han sido creados con partes de macho y de hembra. Pero no me convence adoptar aspectos de lo que vemos en el reino animal para nuestros propios hábitos sexuales.

Por ejemplo, como suele decir uno de mis amigos, la mantis religiosa hembra, le quita la cabeza al macho inmediatamente después del apareamiento, y luego se come el resto del cuerpo, así puede tener suficiente alimento para la nueva vida que en poco tiempo va a crecer en su cuerpo. (Aunque algunas mujeres pueden celebrar este tipo de comportamiento, ¡personalmente no creo que aporte mucho a la construcción de una relación duradera!)

El sexo entre un hombre y una mujer es muy especial y único. No quiero decir que solo sea especial para mí. Sino que, de todas las criaturas del planeta, Dios creó a los seres humanos para que hicieran el amor de una manera que ningún otro ser puede hacerlo: cara a cara. ¡Ninguna otra criatura en el planeta tiene esta habilidad! Ninguna. ¡Esto es asombroso para mí!

Seguro, podemos *tratar* de emular los hábitos del apareamiento de otras criaturas, ¡e incluso podemos tener placer al hacerlo! Pero cuando miro lo que Dios ha puesto a nuestra disposición como seres humanos, y las diferencias entre el sexo heterosexual y el homosexual, entonces trato de imaginarme una relación de por vida con alguien del mismo sexo, y no puedo evitar sentir que me estoy perdiendo de algo muy especial y único, que Dios ha hecho posible sólo para los seres humanos.

En mi caso, yo quiero lo mejor: el abrazo completo, cara a cara. (Y al considerar la vida sexual de la mantis religiosa, ¡también quisiera estar con vida al día siguiente después de haber hecho el amor!).

CONSULTANDO EL MANUAL

Además de esta perspectiva natural, biológica y científica sobre el sexo, también creo que Dios es quien ha creado nuestros cuerpos y, junto con ellos, nos ha dado el "manual del propietario" en la Biblia. Dios nos ha dado estas palabras para ayudarnos a proteger y preservar nuestros cuerpos para la vida más plena posible. Como el creador del sexo, Él es la primera y principal autoridad en decirnos *por qué* creó el sexo y *cómo* hacer el mejor uso del mismo.

Comentando sobre la poderosa naturaleza del sexo, el evangelista Billy Graham dice: "El sexo es lo más maravilloso que hay sobre esta tierra, siempre que Dios haga parte del mismo. Cuando el Diablo se inmiscuye, es lo más terrible sobre la tierra".

¡No podía estar más de acuerdo!

Como ya lo mencioné antes, al mirar los pasajes de la Biblia que hablan específicamente sobre actividad sexual con personas del mismo sexo, no puedo imaginar otra manera en que Dios habría podido expresar Sus advertencias sobre este asunto, para que fueran más claras o firmes de como han sido expresadas.

Esto *no se debe* a que Dios odie a quienes tienen atracciones hacia el mismo sexo, y tampoco es porque los actos sexuales entre personas del mismo sexo sean tan repulsivos para Dios que Él no pueda imaginar por qué alguien *querría* hacerlo, sino porque él sabe lo poderosas que pueden ser las atracciones sexuales. ¡Él creó el sexo! Él sabe *muy bien* por qué alguien querría realizar actos sexuales que pueden ser perjudiciales para sí mismo o para otros.

Dios *no* nos advierte sobre cosas que en Su opinión nadie nunca querría hacer. Él nos advierte de cosas que Él *sabe* que podemos hacer, porque Él *sabe* lo poderosos que pueden ser esos sentimientos, emociones y atracciones. Dios nos advierte porque quiere que disfrutemos esos regalos de la mejor manera más posible, la que da vida.

El no atender a las advertencias de Dios sería como si mis hijos no atendieran a las mías cuando les digo que no corran hacia la calle porque podría morir si lo hacen, y que les dijera lo mismo muchas veces más y de muchas formas. Imagina mi frustración si me llegara a enterar que ellos *siguen* corriendo hacia la calle, sugiriendo que mis instrucciones les parecen poco claras, o que en realidad yo no hablo en serio al expresarlas.

En la Biblia hay suficientes palabras registradas con mucha claridad y que me permiten creer que Dios *de verdad* no quiere que me involucre en actividades sexuales con alguien de mi mismo género. Y, de nuevo, en las palabras que mi pastor me dijo para ayudarme un día que tenía gran necesidad de escuchar lo que Dios tenía para decir sobre este tema: "Si haces algo que Dios dice que no debes hacer, no te va a ir bien".

MOTIVACIÓN INTERNA

Si *nada* me detuviera, (iglesia, familia, ministerio, algún argumento, las Escrituras, o las revelaciones personales de Dios), *podría* verme disfrutando de una relación romántica y sexual con un hombre o una mujer. De verdad podría hacerlo. Y como en el pasado *he* disfrutado de ambos tipos de relaciones, puedo imaginarme disfrutando cualquier tipo de relación en el futuro, aunque, como ya lo he dicho antes, cada tipo de relación satisfaría necesidades *diferentes* en mi vida por razones *diferentes.*

Pero, al mirar más a fondo en mi ser, he encontrado esto: aunque en el corto plazo podría imaginarme disfrutando de una relación con alguien del mismo sexo, lo haría bajo mi propio riesgo.

Lo que más quiero, y lo que *sé* que me dará la vida más abundante posible, es una relación comprometida de largo plazo con alguien del sexo opuesto, alguien que sea un verdadero complemento a la fuerte masculinidad que siento en todo mi ser.

No siento esto porque la Biblia, la sociedad, mi familia o mis amigos me lo digan. Lo siento porque creo que Dios lo ha escrito en mi corazón. Lo ha codificado en mi ADN, en cada célula de mi ser. Soy un hombre creado por Dios para tener intimidad con una mujer.

Conocer esta verdad, desde el fondo de mi ser, *¡es increíblemente liberador!*

La razón *definitiva* por la que querría buscar una relación con el sexo opuesto en el futuro no se debe a que un factor *externo* me dice que lo haga. Sino *porque en mi corazón está escrito hacerlo.*

Como dice la Biblia: "Aun los gentiles, quienes no cuentan con la ley escrita de Dios, muestran que conocen esa ley cuando, por instinto, la obedecen, aunque nunca la hayan oído. Ellos demuestran que tienen la ley de Dios escrita en el corazón, porque su propia conciencia y sus propios pensamientos o los acusan o bien les indican que están haciendo lo correcto" (Romanos 2:14-15, NTV).

OBSTÁCULOS EXTERNOS

Me encanta tener motivaciones internas en lugar de externas, y sí, agradezco mucho los obstáculos externos. ¿Por qué? Porque, aunque mi conciencia me puede indicar lo correcto y lo malo, ella no es infalible.

Como escribe un pastor: "El problema con la conciencia es que, de todas las fuentes de verdad, ésta es la menos confiable porque la Biblia nos enseña que nuestra conciencia se puede debilitar. Se puede deformar. Se puede endurecer... De hecho, se puede matar... El hecho de que mi conciencia me permita hacer algo, eso no quiere decir que sea correcto. Todo ser humano en este mundo ha sido programado para conocer lo bueno y lo malo. El truco está en llenar nuestras mentes y corazones con la verdad de Dios para que 'hagamos eco de Su sí y Su no'".

Esta es la razón por la cual los obstáculos externos son tan útiles. Y es por eso que siento tanta gratitud por la evidencia de heterosexualismo que encuentro en la naturaleza y por las advertencias de Dios registradas en la Biblia. Por tal razón agradezco a mi familia, mis amigos y mi iglesia por su sinceridad en querer mantenerme dentro del mejor camino que Dios tiene para mi vida.

Hace poco vi un aviso en la autopista que decía: "¿No llevas cinturón de seguridad? ¿Qué te está deteniendo?" Me pareció una perfecta analogía para esta discusión sobre los encuentros sexuales, así como para *toda clase* de experiencias en las que quizás deseemos involucrarnos.

Si *nada* me detuviera, hay muchas cosas que disfrutaría hacer, al menos por una vez en la vida, como saltar de un acantilado de 100 pies, o comer toda una bandeja llena de brownies, o ver si mi auto de verdad puede alcanzar las 160 millas por hora, como dice en el velocímetro. Y debo admitir que he intentado hacer algunas de estas cosas, al menos en cierto grado, ¡conociendo muy bien el riesgo de que las cosas podrían terminar muy mal para mí!

Pero vivir la vida sin *ninguna* restricción es tan loco como subir a una montaña rusa sin ponerse el arnés de seguridad que ha sido específicamente diseñado para eso. El hecho de que *podamos* hacer algo, no quiere decir que *deberíamos* hacerlo.

Después de la desagradable aventura de Bill Clinton con una de sus practicantes en la Casa Blanca, un periodista le preguntó por qué lo había hecho. Bill respondió: "Creo que hice algo por la peor razón posible: sólo porque podía hacerlo. Creo que esa es la razón moralmente más débil que alguien podría tener para hacer algo, cuando lo hace sólo porque puedes".

El libre albedrío sólo es libre si sigues con vida para ejercerlo. Sí, Dios nos ha dado *libre albedrío*, pero Él *espera* que elijamos *Su* voluntad porque Él sabe que *Su* voluntad siempre es lo mejor para nosotros.

Aunque tengo mucha gratitud con Dios por haberme dado el libre albedrío, también estoy muy agradecido porque me ha dado la sabiduría y la habilidad para contenerme de hacer *absolutamente todo* lo que podría desear hacer, porque hay *muchas* cosas que desearía hacer si no tuviera restricciones. Pero sé que no me iría bien si hiciera esas cosas, así como sé que no les iría bien a quienes me rodean o por los propósitos para los que Dios me creó.

¿Por qué te digo todos estos deseos secretos que he encontrado en el fondo de mi corazón? Porque quiero que sepas que, por muchos, muchos años, he considerado muy bien estas cosas.

Y siempre que he salido a la superficie después de esos profundos clavados, *siempre*, he salido con un mayor entendimiento de por qué Dios ha dicho lo que ha dicho sobre este tema, y por qué me alegra mucho haberlo escuchado hace tantos años.

TERRITORIO NUEVO

Habiendo dicho todo esto, también quiero decir que, estando en mi última profundización hacia el fondo de mi ser con respecto a mis pensamientos, sentimientos y deseos, descubrí que sigue habiendo *mucho* territorio que *puedo* explorar en mis amistades con hombres, territorio que *no* es sexual ni romántico, pero que me he abstenido de recorrer en el pasado por miedo a ser considerado como "gay".

Aunque el panorama en este tema *ha* cambiado, ese cambio no necesariamente es para mal. En cierta medida, ese cambio ha mejorado mucho las cosas, incluso para mí.

Me parece importante aclarar, en especial para los lectores jóvenes de este libro, por qué este cambio de panorama no se ha dado tan rápido como puedes pensar que *sucedió* en los corazones y mentes de muchos de mi generación y generaciones pasadas.

El temor a que alguien piense que puedes ser gay se basa en la realidad de que la homosexualidad, cuando yo era niño, en realidad era *ilegal*.

Una persona podría ser multada, enviada a la cárcel, perder su empleo, ser expulsada del ejército, de su apartamento, ser obligada a recibir terapias o quedar marcada de por vida ante los ojos de la sociedad, sin mencionar a todos los que podrían llegar a considerar a esa persona como su futuro cónyuge.

Por esas y otras razones (como el deseo de *no* querer recibir una golpiza después de clase de gimnasia), yo y muchos otros como yo, evitábamos hablar abiertamente sobre nuestras atracciones hacia el mismo sexo.

A todo costo, evitábamos cualquier apariencia que indicara que sentíamos atracción hacia el mismo sexo, incluso alejándonos de los que decían que *sí* sentían esas atracciones.

Sin embargo, en los últimos años he entendido que muchos de esos temores que tuve en mi juventud ya no son válidos ni útiles. Por esta razón Dios me ha estado mostrando de qué maneras he *seguido* conteniéndome en algunos de mis propios pensamientos y amistades, por temores que he tenido respecto a cómo *me veo*, no por algo que *Dios* haya dicho respecto a mis actividades.

Por ejemplo, cuando hace poco le pedí a una de mis hijas que pintara la portada para uno de mis libros, en el fondo ella pintó una hermosa sombra de color púrpura. Sin embargo, para mí, y porque el libro era tan revelador a nivel personal sobre mi propia vida y caminar de fe, su elección de colores era equivalente a gritar a todo pulmón: "¡Mírame! ¡Soy gay!"

Por supuesto, Dios no dice nada en Su Palabra que *restrinja* el uso de *cualquier* color, mucho menos del color púrpura. De hecho, el púrpura era tan costoso crearlo en la antigüedad, que a menudo era el color preferido de la realeza.

Al pensar más racionalmente sobre la elección de colores que hizo mi hija, en lugar de hacerlo con las emociones, entendí que su propuesta de portada se veía hermosa tal como ella la había hecho. Nada de eso había pasado por la cabeza de mi hija, y entendí que probablemente en estos días no importaría si incluso alguien piensa que *sí* soy gay (y algunas personas, incluso entre mis amigos, podrían hacer una fiesta por mí si pensaran que lo *soy*).

El hecho de haber titubeado después de ver la portada por primera vez, y haberla aceptado como hermosa después de todo, me hizo ver con claridad el hecho de que para mí ahora está *bien* adoptar algunas de esas cosas que en otro momento había tenido miedo de hacer. Puedo aceptarlas porque en ellas no hay nada inherentemente ilícito o impío.

En otro ejemplo, hace un tiempo me tomé una selfie con una pareja para quienes dirigí su boda.

Al sostener la cámara, el novio inclinó su cabeza hacia mí, pero la novia no lo hizo, y la foto resultante mostraba a dos hombres bien vestidos recostados el uno sobre el otro, mientras la novia estaba bien erguida y alejada hacia un lado.

Les pedí que tomáramos la foto de nuevo, diciendo que la luz no había quedado bien, lo cual *sí* era verdad, pero esa no fue la *única* razón por la que quise tomar la foto de nuevo. Quise hacerlo porque, para mí, parecía que el novio y yo éramos la pareja, y no él y su novia.

Cuando volví a ver la primera foto que habíamos tomado ¡estaba perfectamente bien! Nos veíamos como buenos amigos pasando un buen tiempo en una boda.

Nadie, salvo yo, se habría fijado en la manera como estábamos parados, ¡y nadie tampoco habría pensado que él y yo éramos pareja! Pero en mi hipersensibilidad a *parecer* gay, de *cualquier* manera, estuve a punto de eliminar una foto que era muy normal.

NUEVOS EJEMPLOS

Los ejemplos siguen y siguen. Desde la muerte de mi esposa, he tenido un nuevo interés en algunas de las actividades que me gustaba hacer en la juventud, como el baile, la pintura, escribir música y tocar el piano. Muchas de esas actividades las hice a un lado cuando dejé la homosexualidad porque me parecían actividades de gays.

Durante mi niñez, en mi círculo de amigos eran las mujeres las que dominaban estas artes. Pero con el paso del tiempo, he descubierto que un gran número de hombres, tanto en tiempos bíblicos como en la actualidad, disfrutan y sobresalen haciendo cosas como estas todo el tiempo.

El Rey David, por ejemplo, es conocido por matar a miles en batalla, pero tocaba el arpa y escribió la mayoría de las tonadas del libro de los Salmos. Pero dudo que alguien lo haya enfrentado en el campo de batalla y le haya pedido que sacara primero su Identificación de Hombre. Incluso *él* podría hacer temblar a Chuck Norris.

Por años me ha gustado mucho tocar el piano, y también la flauta, así como varios otros instrumentos, pero nunca sentía "varonil" al hacerlo. Pero cuando leí en la Biblia sobre un hombre llamado Jubal, en

Génesis capítulo 4, vi que él fue llamado "el padre de todos los que tocan la flauta y el arpa" (de Génesis 4:21).

Ahí está un hombre que no solo tocaba la flauta y el arpa, sino que fue llamado el "padre" de todos los demás que lo hicieron después de él. ¡Qué honor! ¡Qué distinción! Pero yo me había sentido avergonzado todos esos años por algunos de los talentos que Dios había puesto en mí.

El Rey David danzó delante del Señor (lee 2 Samuel 6:14), y un hombre llamado Bezalel fue muy hábil haciendo diseños artísticos y todo tipo de artes manuales (lee Éxodo 31:1-5).

La lista de modelos varoniles sigue, según lo registrado en y fuera de la Biblia. Pero por años no quise disfrutar de muchas de esas cosas por miedo a ser catalogado como gay.

RECUPERANDO TALENTOS

Sin embargo, ahora estoy disfrutando mucho de tocar el piano, no solo para mí mismo sino también en público. He estado componiendo música e incluso escribiendo un musical acerca de la vida del verdadero San Nicolás que vivió entre los siglos 3° y 4° D.C.

He estado pintando por diversión y tomando clases de baile solo porque me hacen reír.

Ninguna de estas cosas es inherentemente de homosexuales. ¡Ninguna de estas actividades me hacen querer tener sexo con un hombre! ¡Ninguna de estas cosas son restringidas por Dios!

Pero ahora estoy comenzando a disfrutarlas a mayor plenitud porque mi temor de ser *catalogado* como gay finalmente se está desvaneciendo, al menos en parte, ante la creciente aceptación de la homosexualidad entre la sociedad. Ser considerado gay ya no conlleva el mismo tipo de riesgo que tenía hace 30 años.

Dios me ha estado mostrando que ahora puedo comenzar a derribar algunos de los muros de protección que he puesto alrededor de mi vida, muros que ya no son necesarios.

Como dije en los primeros capítulos, aunque algunas personas pueden sentirse desanimadas por los cambios sociales con respecto a este tema, *hay* razones para sentirse muy agradecido por ese cambio, puesto que finalmente está permitiendo que personas (incluido yo) exploren y recapturen algunos de los talentos que Dios les ha dado y que han evitado por mucho, mucho tiempo, talentos que desde un principio nunca debieron haber evadido.

Para concluir este capítulo, permíteme reiterar que, así como es conveniente usar cinturones de seguridad al conducir, es igual de conveniente evitar actividades que sean románticas o sexuales a fin de proteger la preciosa intimidad que Dios tiene en mente para nosotros.

Pero también es igual de conveniente deshacernos de aquellas cosas que nos impedirían explorar todo el territorio que tenemos a nuestra disposición, territorio en el que podemos disfrutar nuestras amistades más plenamente y usar los dones, talentos y habilidades que Dios nos ha dado.

Aunque este cambiante paisaje ha producido nuevas libertades para muchos, también ha producido nuevos dilemas, en especial para los cristianos, los cuales abordaré en el siguiente capítulo.

Capítulo 12:

La importancia de las lágrimas

———— ❖ ————

Donde comparto cómo las lágrimas pueden
ser una de tus mejores expresiones de amor
genuino, y cómo pueden ayudarte a seguir
amando a otros mientras te mantienes firme
en lo que crees.

———— ❖ ————

El paisaje cambiante respecto a la homosexualidad ha creado la necesidad de una respuesta genuina de parte de los cristianos. Espero que este libro sea parte de esa respuesta.

Creo que el dilema principal que los cristianos están enfrentando está mejor ilustrado en las preguntas en torno al tema del matrimonio gay. Es ahí donde la teoría se pone en práctica.

He observado que cuando alguien recibe una invitación a una boda homosexual, esto de repente trae a la superficie todo lo que esa persona cree, o piensa que cree respecto a la homosexualidad. La pareja que envía la invitación está pidiendo una respuesta, la cual, a su vez, tiene el potencial de consolidar o romper una amistad para los próximos años. Aunque no *tiene* que ser así, a menudo *parece* ser así para todos los involucrados.

El dilema se magnifica exponencialmente cuando esa invitación viene de alguien muy cercano y querido, como un hijo o una hija, un hermano o una hermana, o un amigo cercano o compañero de trabajo.

Nuestra reacción como cristianos en esos momentos importa mucho. Si bien este capítulo se concentra en el tema de cómo puedes responder a alguien que te invita a una boda gay, por favor ten presente que uso esto solo como ejemplo para ayudarte a pensar cómo puedes amar a Dios y a los homosexuales más profundamente, y cómo puedes expresar tu amor de tal forma que tus seres queridos puedan recibirlo.

Espero que esta conversación no solo sea aplicable a un evento de un día, sino que también te dé una ayuda real en las constantes interacciones y expresiones de amor hacia amigos y familiares homosexuales.

Permíteme comenzar con esta verdad que nunca cambia, que es la meta suprema de cualquier respuesta que podamos dar, y es el *amor*. Como dice la Biblia: "... y hagan todo con amor" (1 Corintios 16:14 NTV).

También quiero añadir otra importante verdad. Siempre que alguien nos pide hacer *algo*, es importante tener presente que el amor no siempre dice "sí", y tampoco dice siempre "no". El amor tiene en cuenta a las personas involucradas y las relaciones únicas que hay entre esas personas.

Tengo seis hijos, y no siempre les respondo de la misma manera a cada uno de ellos, incluso si me hacen la misma pregunta. ¿Por qué? Porque todos tienen su propia personalidad, y tengo una relación única con cada uno de ellos, basada en sus personalidades, así como en nuestras historias de interacción entre nosotros a lo largo de muchos años.

Mientras algunas personas pueden responder bien al amor con mano firme, otras responden mejor a la sola bondad. La Biblia dice que hay espacio para ambas cosas (lee 2 Corintios 7:8-10 y Romanos 2:1-4).

Comencemos con el ejemplo que usé en el capítulo anterior, donde hablé de una amiga que estaba tratando de expresarme su amor al decirme que me apoyaría sin importar las decisiones que yo tomara en el futuro en cuanto al sexo de algún compañero sentimental.

Si bien mi amiga *quería* mostrar mucho amor con sus palabras, lo que no percibió fue cuánto me hirieron. No siempre sabemos cómo será la reacción de alguien ante nuestras expresiones de amor hasta *después* de haberlas expresado, ¡porque las personas no son cortes de cartón de dos dimensiones que siempre son predecibles!

En la situación con mi amiga, pocos días después tomamos tiempo para hablar respecto a cómo me había hecho sentir con sus palabras, y volver a escuchar lo que en realidad estaba tratando de expresar, y ofrecernos sinceras disculpas por yo haberme ofendido y por ella haberme hecho sentir todo menos amado por ella como amiga. En otras ocasiones he tenido que hacer lo mismo con ella, porque he dicho cosas con la *intención* de ser cariñoso, pero no han sido entendidas, sino que se han recibido de forma muy diferente a lo previsto.

El hecho de que seas amigo de alguien no significa que siempre puedes ver lo que hay en su mente, y tampoco que siempre salga todo bien. Afortunadamente, la gracia no se limita a una sola ocasión, sino que es algo que podemos extender y recibir continuamente. Recuerda: "Por todas partes hay sentimientos, sé sensible".

EXPRESANDO NUESTROS PENSAMIENTOS

Cuando intentamos expresar mejor nuestro amor es importante tener en cuenta no sólo lo que decimos y hacemos, o *lo buenas* que son nuestras intenciones en lo que decimos y hacemos, sino *cómo nuestros seres queridos van a recibir lo que decimos y hacemos.*

Con respecto al tema del matrimonio gay, digamos, por ejemplo, que consideras que el matrimonio gay no es bueno, correcto ni saludable para la pareja que te ha invitado a asistir a su boda. ¿Cómo puedes dar una respuesta guiado por *amor?*

Si consideras que lo que están haciendo no es bueno, correcto o saludable, y te sientes *motivado por Dios o por tu propio deseo interno* de compartir tus preocupaciones con una o ambas de las personas que se van a casar, entonces por supuesto, ¡por favor hazlo!

Hazlo con amor, pero no dejes de hacerlo si sientes que tus palabras podrían ser de ayuda para ellos. Sé que habría querido que alguien me hubiese hecho la advertencia con amor antes del día de mi boda, si de verdad consideraba que había una razón por la cual no debía casarme con la persona con quien planeaba hacerlo. Esta sabiduría se aplica, desde luego, si la pareja que se va a casar es heterosexual u homosexual.

Por otro lado, si Dios *no* te está animando a compartir tus preocupaciones con la pareja en cuestión, o *no tienes* un impulso interno para hacerlo, quizás debas prestar atención a lo que sientes o no sientes. Quizás no sea algo que Dios quiera que abordes, o es probable que no sea el momento correcto para que lo hagas, o puede empeorar las cosas para todos los involucrados, tanto a corto como a largo plazo.

Ha habido momentos en los que me he sentido *impulsado* a decirle algo a alguien que estaba haciendo algo que a mi parecer era perjudicial para él o ella, pero en otras ocasiones simplemente me he sentido *obligado*, no necesariamente impulsado, a decir algo. La diferencia entre la manera como han sido recibidas mis palabras ha sido notoria, de manera positiva en el primer caso y de manera negativa en el segundo.

Tu obligación no es corregir *todo* lo malo que ves en este mundo. Como ya lo dije antes, Dios no envió a Jesús "a condenar al mundo, sino para que el mundo sea salvo por Él" (Juan 3:17b). Hay una gran diferencia entre condenar a las personas por su pecado y salvarlas de su pecado.

Cualquier padre sabe que los hijos no se corrigen *todas las veces* que, según tu opinión, hacen algo mal, de lo contrario, ellos siempre tendrían miedo de volver a intentar hacer *cualquier cosa*. Gracias a Dios, en Su gran misericordia no me reprende cada vez que hago algo que podría hacerme daño. Pero *sí hay* ocasiones cuando hay tanto en juego, que es importante decir algo.

Si consideras que esta es una de esas ocasiones, te sugeriría que siguieras el consejo del Apóstol Santiago, que dice: "Todo hombre sea pronto para oír, tardo para hablar, tardo para airarse..." (Santiago 1:19b, RVR). Esto está de acuerdo con la manera como Dios se acerca a nosotros (lee Éxodo 34:6-7).

TIEMPO, ORACIÓN Y MUCHA MEDITACIÓN

Hace varios años, unos amigos míos recibieron una invitación a una boda gay, y me preguntaron qué pensaba que debían hacer. La boda iba a ser un gran encuentro. Familiares de todas partes del país iban a asistir, y muchos no se habían visto por bastante tiempo.

La reacción inicial de mis amigos fue que no deberían ir porque no consideraban que el matrimonio gay fuera algo correcto. Aunque querían ir por el bien de las relaciones con la pareja que los había invitado y por el resto de la familia extendida que asistiría, por su buena conciencia, no consideraban que debían asistir.

"¿Qué debemos hacer?" me preguntaron.

Les dije que su primera reacción era razonable, ya que nadie debía sentirse obligado a asistir ni a participar en algo que violaba sus conciencias.

También les pedí que tomaran tiempo para considerar su decisión, y no que la tomaran con ligereza, ya que sus relaciones con la pareja y su familia extendida también eran importantes.

Así que mis amigos tomaron tiempo para pensar, orar y meditar al respecto. Al final, decidieron no ir. Una de las principales razones para la decisión, fue que ellos consideraban que no debían participar en una celebración que ellos consideraban perjudicial para la pareja en cuestión.

También sentían que su asistencia indicaría que aprobaban algo que Dios no aprueba, violando así la advertencia bíblica en el libro de Romanos contra dar tal tipo de aprobaciones, que dice: "... no sólo las hacen, sino que también se complacen con los que las practican" (Romanos 1:32b).

Mis amigos no hicieron un gran escándalo con su decisión. La pareja que les había extendido la invitación ya conocía las convicciones de mis amigos con respecto al matrimonio gay, así que no fue necesario decir algo más. Respondieron amablemente y rechazaron la invitación.

Aprecio que mis amigos hayan tomado tiempo para pensar, orar y meditar en cuanto a su respuesta. Quienes les habían hecho la invitación merecían ese honor.

Aunque los que se iban a casar *habrían podido* ofenderse con la decisión de mis amigos, también creo que pudieron haber sentido *alivio* ante la respuesta. La mayoría de parejas no quieren que los invitados se sientan *obligados* a ir a su boda si no se sienten cómodos para hacerlo.

Sé que no me gustaría que alguien violara *su* consciencia para hacer algo que yo les pidiera hacer, así como creo que esa persona no querría violar *mi* consciencia para que yo hiciera algo que me pude hacer. El amor va en doble vía en una relación, y el respeto de la consciencia del otro es una manera de expresar nuestro amor.

También puedo decir que en varias ocasiones he recibido invitaciones a bodas con las que no he sentido afectada mi conciencia, pero a las que no he sentido mucho entusiasmo por asistir. ¿Por qué? Porque he sentido una genuina preocupación por la pareja. He dudado de que ese matrimonio pudiera durar algunos meses y mucho menos algunos años.

Para mí es una lucha ir a esas bodas, pero aun así siempre he orado para tomar una decisión, porque los que me han invitado merecen ese honor. Al final, mi asistencia no siempre es un reflejo de mi opinión respecto a la relación de esa pareja, es un reflejo de lo que creo en la relación que tengo con la persona que me ha invitado.

Aquí hay un principio que quizás se ilustre mejor con un ejemplo personal.

RELACIONES PERJUDICIALES

Desafortunadamente, sé lo que es que alguien rechace asistir a tu boda, y sé que ese rechazo puede generar una grieta en una relación, la cual puede verse afectada por años.

Una mujer muy cercana a Lana creía sinceramente que Lana iba a terminar en el infierno si se casaba conmigo, porque yo había crecido en una denominación diferente a la de Lana. Esta mujer dijo que estaba orando todos los días, para poder encontrar lo bueno en mí, pero lo único que veía era mal. Se rehusó a ir a nuestra boda, esperando que su decisión hiciera que Lana la cancelara.

Aunque Lana apreció la preocupación de aquella mujer, ella tenía sus propias creencias firmes y profundas con respecto al tema, y sentía que casarse conmigo era justo lo que Dios quería que hiciera.

Esa mujer se había dado a la tarea de expresarle su opinión a Lana en varias ocasiones, y Lana había tratado de expresarle las suyas de manera amable, pero sin ningún resultado. Esto llegó al punto en el que los rechazos constantes y verbales de esta mujer dejaron de ser bien recibidos, amables y cariñosos.

Aunque ya mencioné que habría *querido* que alguien me lo dijera si consideraba que estaba tomando una decisión con mi vida que podía ser un terrible error, también creo que hay un punto en el que esas opiniones dejan de ser útiles, amorosas o amables.

Si, después de haber tomado tiempo para orar y meditar respecto a la idea de alguien, todavía estamos en desacuerdo, yo esperaría poder llegar a un punto de respeto mutuo hacia las convicciones de cada uno.

Desafortunadamente, ese *no* fue el caso con esta mujer, quien de manera constante y verbal se rehusaba a asistir a nuestra boda. Aunque ella decidió *sí* asistir en el último momento, sus palabras, acciones y la grieta que crearon entre ella y Lana generó una verdadera división entre ellas, la cual se extendió por *años*.

Creo que hay otra forma, una mejor.

UN TIEMPO PARA TODO

Como lo dice la Biblia: "Hay una temporada para todo, un tiempo para cada actividad bajo el cielo... un tiempo para callar y un tiempo para hablar" (Eclesiastés 3:1 y 3:7).

En realidad, hay un tiempo para todo. De verdad hay tiempo para hablar y tiempo para callar. Aunque aprecié que esta mujer compartiera sus convicciones con Lana, cuando llegaron al punto en el que sus palabras sonaban como "un metal o un címbalo que retiñe", quisiera que ella se hubiese dado cuenta que lo que hacía ya no era amoroso sino más bien una exigencia.

Por otra parte, me alegra que ella haya expresado sus opiniones *antes* de la boda, ¡y que no lo haya hecho en la boda!

Me he preguntado qué se puede hacer si el que oficia una boda gay dijera esto que se suele decir: "Si alguien conoce una razón por la cual esta pareja no debería casarse, que hable ahora o que calle para siempre".

¿Sería ese el momento para que alguien que tiene convicciones profundas en cuanto a que el matrimonio gay no está bien, hable y exponga por qué cree que la pareja no debería casarse? ¿O hay una mejor manera de hacerlo? ¿Hay un mejor momento?

Si alguien espera hasta ese punto en la ceremonia para hablar, creo que eso sería *muy* poco amable y falto de amor. Esto lo menciono porque si Dios *está* animándote a hablar con la persona, esperaría que lo hicieras *antes* del día de la boda, ¡y no durante la ceremonia! Recuerda, "lo que hagas, hazlo con amabilidad y amor". Quizás sería apropiada una llamada telefónica o una conversación tomando un café con uno o con los dos que te invitaron. O si reunirse personalmente resulta muy incómodo o potencialmente explosivo, quizás una tarjeta o una carta podrían funcionar.

O quizás, como ya lo mencioné, si Dios *no* te está impulsando a decir algo, y *no* sientes un llamado interno a hacerlo, también valdría la pena prestar atención a esa falta de estímulo o impulso interno. Así como hay momentos apropiados para hablar, hay ocasiones propicias para callar.

Si sientes que debes decir algo, por favor no dejes que nada te desanime a hacerlo (vuelve a leer Santiago 5:19-20). Pero tampoco te sientas obligado a decir algo si Dios *no* te está llamando a hacerlo, porque de lo contrario, tus palabras pueden sonar como metal o címbalo que retiñe. Es por esto que es muy importante tomar tiempo para orar y meditar en tu respuesta.

MANTENIENDO LAS RELACIONES

También he conversado con personas que han recibido invitaciones a bodas gays de seres querido muy allegados a ellos, y que han expresado su amor de otra manera, sintiendo que Dios los ha animado a asistir.

He escuchado sus consideraciones en cuanto a qué hacer y qué no hacer. He visto sus luchas con los sentimientos de querer estar con quienes aman, pero no querer ver ningún daño sobre sus vidas.

¿Cómo puede alguien decidir qué hacer cuando siente que Dios le anima a asistir? De nuevo, creo que es importante tomar tiempo para pensar, orar y meditar al respecto. También debo recordar que, aunque el amor no siempre dice "sí", tampoco siempre dice "no".

Como lo dije antes, mi asistencia a una boda *heterosexual* no siempre es un reflejo de mi confianza en la relación de la pareja que se está casando, sino un reflejo de mi confianza en la relación que tengo con la persona que me ha invitado.

Para algunos que han tomado esta difícil decisión, han encontrado sabiduría al asistir por esta sencilla razón: a fin de mantener las relaciones con quienes los invitaron.

Cuando los que reciben la invitación tienen relaciones estrechas con la pareja que los ha invitado, y todos ya conocen las profundas convicciones de cada uno en cuanto al tema, no hay ninguna confusión en que su asistencia pueda indicar aprobación. En lugar de eso, su asistencia indica su disposición a mantener las relaciones con sus seres queridos, incluso cuando no están de acuerdo.

LA BONDAD DE DIOS

Caminar al lado de las personas que amamos mientras ellos hacen cosas que consideramos dañinas y perjudiciales para ellos puede ser una de las cosas más difíciles que tengamos que hacer.

También puedo imaginar que esta es una de las cosas más difíciles que *Dios* tiene que hacer por *nosotros* al darnos la libertad de ejercer nuestro libre albedrío cuando sabe muy bien hacia dónde nos van a llevar nuestras decisiones.

Sin embargo, caminar a nuestro lado, también es una de las cosas más *amorosas* que Dios hace por nosotros, incluso cuando tomamos decisiones permanentes, que alteran nuestra vida y tienen el potencial de ser perjudiciales. Dios nos promete que seguirá a nuestro lado, permitiéndonos ejercer nuestra propia voluntad, incluso si tiene que contener las lágrimas mientras lo hacemos.

Como Dios dice en la Biblia: "Nunca te fallaré. Jamás te abandonaré" (Hebreos 13:5, NTV).

He tratado de pensar cuántas veces Dios ha caminado a *mi* lado cuando *he* decidido hacer cosas que van contra Su voluntad, cosas destructivas para mí y para los que me rodean.

He tratado de pensar en cuántas *lágrimas* debió derramar Dios al yo tomar esas decisiones, pero aun así siguió a mi lado. Como padre, he derramado una buena cantidad de lágrimas por las personas que amo, y también he estado a su lado en medio de momentos muy difíciles. Pero también puedo decir que nuestras lágrimas a menudo pueden hablar más que cualquier palabra que hayamos dicho.

Las lágrimas en realidad son una de las mayores expresiones de amor que podemos ofrecer por nuestros seres queridos. Como dijo Washington Irving, "hay algo sagrado en las lágrimas. No son muestra de debilidad, sino de poder. Hablan con más elocuencia que mil lenguas. Son mensajeros de una pena abrumadora, de profunda constricción, y de amor indecible".

Hace poco hablé en el funeral de una querida amiga y una de las mujeres más piadosas que he conocido. Uno de sus nietos se me acercó al finalizar y me habló del gran impacto que la vida de su abuela había tenido en la suya.

Me dijo cómo, siendo adolescente, una navidad quería de regalo un álbum musical que era de los más vulgares en el mercado. Estaba en un tiempo de rebeldía, y la música expresaba todo el dolor que sentía y la ira que deseaba expresarle a todos los que lo rodeaban.

Él estaba llorando mientras me relataba la historia de cómo su abuela le había dado el álbum que había pedido para esa navidad, y cuando lo hizo, comenzó una conversación con él respecto a lo que estaba sintiendo y por qué se sentía así. Ella le dijo que entendía por qué deseaba esa música, pero había mejores maneras de tratar con sus sentimientos, que no tenían que acudir a esa música en busca de ayuda, sino que podía buscar a Dios.

Ella estuvo dispuesta a encontrarse con él en su situación, pero no quiso dejarlo solo. Al darle el álbum, ella le expresó su amor de una manera que podía recibirlo. Pero ella le mostró que había otra forma, una mejor.

Lloré al escuchar lo que mi querida amiga había hecho, algo que no sé si yo habría podido hacer, pero que tocó la vida de este joven, quien meses después de haber recibido ese álbum, le entregó su vida por completo a Cristo y renunció a buscar su solaz en cosas que terminarían destruyéndolo.

No puedo sugerirles a todos el método de mi amiga para cada situación, pero sí *puedo* decir que Dios lo usó ese día de una manera poderosa para tocar la vida de aquel joven. Y como mi amiga fue una mujer firme en Dios, tengo la seguridad de que ella tomó tiempo para orar y pensar en su decisión antes de proceder en la dirección que se sintió guiada a seguir.

MIS LÁGRIMAS

¿Cómo se relaciona esto con el matrimonio? Se relaciona porque Dios usó esta historia para hacerme llorar una noche cuando sentí que me preguntó si alguna vez yo podría ir a una boda gay, si, por alguna razón en particular, Él *quería* que fuera.

Aunque he acompañado a otros al tomar sus decisiones respecto a si asistir o no a una boda gay, nunca me han pedido a mí que vaya a una. Pero una noche Dios me preguntó que considerara qué haría si alguien muy querido para mí lo hiciera. Una cosa es aconsejar a otros mientras tratan de navegar esas aguas turbulentas. Otra muy diferente es cuando *tú* eres el que está en el bote.

Aunque es difícil hacer hipótesis sin conocer lo específico, sí considero valioso pensar en este tema *antes* de que se presente la situación, así estaremos mejor preparados para responder si sucede o cuando suceda.

¿Podría asistir a una boda gay, sabiendo lo que sé sobre la homosexualidad, y creyendo lo que creo acerca de lo que Dios me ha dicho con tanta claridad en cuanto a este tema?

El dilema para mí es que mi participación con la homosexualidad casi me quita la vida. Es *el* pecado en mi vida que Dios señaló como la razón por la cual Jesús dio su vida por mí. Estaba siguiendo un camino hacia la muerte, pero Jesús dijo que ya había pagado ese precio por mí. Si yo estaba dispuesto a poner mi fe en Él, podría recuperar mi vida y vivir con Él y para Él, para siempre.

Aunque en mi vida hay muchos otros pecados por los que Jesús murió y que luego señaló, este fue el que Dios destacó para mí entre toda la lista de Romanos capítulo 1. Eso fue lo que me condujo a poner mi fe en Cristo.

No podía ver cómo podría algún día asistir a una ceremonia que celebraba solemnemente una relación por la que creo que Jesús tuvo que ir a la cruz. Sencillamente no podía.

Pero al parecer, casi como cuando le pidió a Abraham que sacrificara su hijo Isaac en un altar, Dios me estaba preguntando si yo estaba dispuesto a asistir a una boda gay si Dios mismo me pedía que lo hiciera.

Pensar esto me quebrantó, así como Abraham debió llorar al pensar en que tenía que sacrificar a su hijo. ¿Qué haría *yo* si alguien cercano y querido para mí me invitara a su boda gay, así él o ella conociera mis más profundas convicciones, pero que aun así tuviera un profundo deseo de que yo estuviera presente en uno de los días más importantes de su vida?

Lo único que podría hacer es llorar, llorar por la trascendencia de la decisión tomada por esa persona cercana a mí; llorar por los daños que podrían llegar a la vida de mi ser querido como consecuencia; llorar por esta decisión que estaría cerrando la puerta para siempre a la posibilidad de casarse con alguien del sexo opuesto como yo me casé con Lana y experimenté algo con ella mucho más allá de lo que jamás pude imaginar.

Pero luego pensé en cuántos baldes de lágrimas ha llenado Dios por mí cuando he tomado decisiones que han impactado el resto de mi vida, pero aun así Él siguió a mi lado, sosteniendo mi mano a lo largo del camino.

Seguro, podría quedarme en casa y pretender que nada está sucediendo. O podría asistir y sentarme en una esquina, como si estuviese usando un brazalete negro en protesta por sentirme coaccionado a asistir. O quizás había una mejor manera.

Quizás, como Dios me estaba sugiriendo, podía sostener la mano de mi ser querido en uno de los días más significativos de su vida, no por mi confianza en la relación de la pareja que se está casando, sino por mi confianza en mi relación con la persona que amo y que me invitó.

"Quizás yo podría hacerlo, Dios", yo dije, "pero sólo después de derramar muchas, muchas lágrimas".

Y Dios dijo: "Ahora estás comenzando a entender la profundidad de mi amor. También estás empezando a comprender cómo puedo hacer lo que tengo que hacer a diario. Estás viendo cómo puedo mostrar gracia a millones, incluso en medio de su pecado, conociendo las consecuencias de éste sobre sus vidas, porque sé cuánto me ha costado su pecado".

Como dice la Biblia: "Pero Dios mostró el gran amor que nos tiene al enviar a Cristo a morir por nosotros cuando todavía éramos pecadores" (Romanos 5:8).

TOMÁNDOLO EN SERIO

Si recuerdas mi historia al comienzo de este libro, respecto a mi querida amiga y creyente con quien compartimos la misma manera de pensar, que dejó de leer en un punto del capítulo 12 y me envió una nota diciendo que ya no lo podía leer, *éste* es ese punto.

Yo no lo explicaba con tanto cuidado como lo estoy haciendo ahora. Y aun así todavía es posible que no esté capturándolo con la precisión con la que Dios me lo explicó. Pero después que ella leyó el primer borrador de mi libro, donde dije que podría verme asistiendo a una boda gay si Dios me animaba, y si mi relación con la persona que me había invitado era de suma importancia, mi amiga se preguntaba cómo podría yo alguna vez tener una buena razón para asistir a una boda gay.

Ella me dijo que sentía que yo estaba contradiciendo todo lo que había dicho en el resto del libro, porque le parecía que yo estaba respaldando el matrimonio homosexual. Pero mis palabras en ese borrador quizás eran más ambiguas de lo que esperaba, porque nada podía estar más lejos de la verdad. No puedo celebrar, no puedo respaldar, y no puedo afirmar algo que Dios no celebra, respalda ni afirma. No puedo hacerlo.

La verdad es que creo que lo que Dios me mostró esa noche me sirvió para destacar y resaltar *todo lo demás que he dicho en el resto de este libro* respecto a lo que se necesita para amar a Dios y a otros en la mayor plenitud posible.

¿Qué me mostró? Me mostró la importancia de las lágrimas, lágrimas que se expresan en amor.

¿Podría yo ir a una boda gay? No con celebración. Pero quizás podría ir por respeto a la relación que tengo con la persona que me invitó. No podría celebrar algo por lo que Jesús tuvo que ir a la cruz. Quizás podría si mi asistencia fuera una manera de expresar mi verdadero afecto hacia la persona que me invitó *de una manera que esa persona pudiera recibirlo*, así como mi amiga le dio a su nieto un álbum y expresó su afecto hacia él de una manera que él pudo recibirlo. Si bien hay mucho en juego al ir a una boda gay, puedo ver cómo el mismo principio permitiría que las personas a quienes amo sigan aferradas a sus principios mientras yo sigo firme en los míos.

Hay una gran diferencia entre acompañar a alguien celebrando algo perjudicial para él o ella, y acompañarla conteniendo las lágrimas. Externamente, ambas cosas pueden parecer lo mismo. Pero por dentro, la diferencia está en las lágrimas, las cuales se expresan en amor.

Alguien puede decir: "¿Entonces sería mejor no ir?"

Yo pensaría lo mismo, salvo por lo que Dios me recordó acerca de las muchas veces en mi vida cuando *Él* caminó a *mi* lado al pasar por cosas que sé que habría deseado nunca haber presenciado al estar a mi lado. Ahora, al recordar esos momentos, lo único que puedo decir es que estoy muy agradecido de que Él estuvo ahí.

¿Querría yo ir a una boda gay? No, no me gustaría ir, porque sinceramente creo que Dios nos ha advertido que no participemos de actos homosexuales, y creo que "si haces algo que Dios dice que no debes hacer, no te va a ir bien". Y *por causa* de lo que creo, tampoco puedo imaginar que la mayoría de parejas gay *querrían* que yo fuera a su boda. Nadie quiere obligar a alguien a hacer algo que esa persona no quiere hacer.

Pero sí *podría* entender si alguien me extendiera una invitación de corazón sincero, teniendo claros conocimientos y las razones de mis convicciones en este tema, pero que aun así quisiera que yo fuera por el genuino y mutuo afecto que sentimos, entonces sería probable que yo fuera, no porque crea en el matrimonio gay, sino porque creo en mi relación con la persona que me ha invitado.

Al explicarle esta verdad con más precisión a mi amiga que dejó de leer en este punto, y cuando Dios comenzó a mostrarle a ella lo que me había mostrado a mí, ella me volvió a llamar y me dijo: "Creo que necesito tomar en serio lo que estás diciendo en ese capítulo. Contiene una verdad que Dios quiere que vea".

Sin duda, hay tiempo para el amor con mano firme, y Dios puede llamarte a que expreses tu amor de esa manera (lee 2 Corintios 7:8-10). Pero también hay tiempo para simple gentileza, y Dios también puede llamarte a que expreses tu amor de esa manera (lee Romanos 2:1-4). Así como la Biblia habla sobre cómo el amor con mano firme puede conducir a arrepentimiento, también habla de cómo la gentileza puede llevar al arrepentimiento.

Estas son decisiones difíciles, y no se pueden tomar a la ligera. Si fueran fáciles, ¡creo que no habrías empezado a leer un libro como este!

Pero si estás dispuesto a pedirle sabiduría a Dios, dándole suficiente tiempo a tus decisiones, orando y meditando en ellas a fin de escuchar Su dirección, estoy convencido de que podrás tomar decisiones que lo van a honrar a Él, a tus seres queridos y a sus más profundas convicciones.

Como dice la Biblia: "Y si alguno de vosotros tiene falta de sabiduría, pídala a Dios, el cual da a todos abundantemente y sin reproche, y le será dada" (Santiago 1:5).

LA PLENITUD DE LAS PALABRAS DE DIOS

Antes de terminar esta discusión, hay un matiz importante que no quiero que pierdas de vista.

Aunque en este capítulo he usado el matrimonio como ejemplo para amar a otros en medio de nuestras lágrimas, esa es una de las muchas situaciones que enfrentaremos en la vida cuando tengamos que decidir cuál es la mejor manera de expresar nuestro amor a otros de una manera que puedan escucharlo mientras nos mantenemos firmes en nuestras convicciones.

Creo que Jesús nos da el *mejor* ejemplo de cómo poder hacerlo.

Un amigo mío hace poco asistió a un evento especial en una iglesia que estaba visitando. El pastor a cargo del evento pasó al frente en un punto y leyó en la Biblia el pasaje acerca de la mujer que fue sorprendida en adulterio y que fue llevada ante Jesús.

El pastor leyó este pasaje en relación con el tema de la homosexualidad. Y esto es lo que leyó:

Mientras hablaba, los maestros de la ley religiosa y los fariseos le llevaron a una mujer que había sido sorprendida en el acto de adulterio; la pusieron en medio de la multitud. "Maestro —le dijeron a Jesús—, esta mujer fue sorprendida en el acto de adulterio. La ley de Moisés manda apedrearla; ¿tú qué dices?".

Intentaban tenderle una trampa para que dijera algo que pudieran usar en su contra, pero Jesús se inclinó y escribió con el dedo en el polvo. Como ellos seguían exigiéndole una respuesta, él se incorporó nuevamente y les dijo: "¡Muy bien, pero el que nunca haya pecado que tire la primera piedra!". Luego volvió a inclinarse y siguió escribiendo en el polvo.

Al oír eso, los acusadores se fueron retirando uno tras otro, comenzando por los de más edad, hasta que quedaron solo Jesús y la mujer en medio de la multitud.

Entonces Jesús se incorporó de nuevo y le dijo a la mujer: —¿Dónde están los que te acusaban? ¿Ni uno de ellos te condenó?

—Ni uno, Señor —dijo ella.

—Yo tampoco —le dijo Jesús—.

(Juan 8:3-11a).

El pastor cerró su Biblia en ese punto de la historia, miró alrededor del salón y dijo: "Eso es todo lo que necesito escuchar. Debemos decirles lo mismo a quienes son homosexuales: 'Yo tampoco te condeno'".

Mi amigo dijo que casi todos los presentes asintieron con la cabeza en aprobación. Casi todos, salvo mi amigo. Él había dejado su Biblia abierta por un poco más de tiempo para seguir leyendo lo que Jesús dijo después.

Se preguntó por qué el pastor había cerrado la Biblia en ese punto del relato, en lugar de leer el *resto* de lo que Jesús le dijo a esa mujer aquel día.

¿Por qué el pastor solo compartió algunas de las palabras de Jesús, y no todas sus palabras?

Lo que mi amigo leyó, y lo que el pastor *debió* haber leído a las personas en ese evento si hubiese dejado su Biblia abierta solo para leer una frase más, fueron las siguientes palabras:

"Vete y no peques más" (Juan 8:11b).

Aunque creo que ese pastor y los presentes en esa reunión habían sido sinceros en tomar algo de tiempo, meditación y oración respecto a este tema, y habían encontrado algunas *ideas* sobre la verdad, también creo que se quedaron cortos y no encontraron la *plenitud* de lo que Jesús tenía para decir en cuanto a este tema.

Jesús *sí* veía los pecados de esta mujer iguales a los del resto de personas reunidas alrededor de ella para apedrearla. Eso es verdad.

Y Jesús *sí* demostró que no quería que nadie la apedreara, sino que deseaba que ella viviera en lugar de morir. Como le dijo a Nicodemo: en realidad no vino "a condenar al mundo, sino para salvar al mundo" (lee Juan 3:17). Eso también es verdad.

Pero el trozo de verdad que el pastor y estas personas no encontraron fue aquello que *evitaría* la muerte de esta mujer por lo que estaba haciendo, y le permitiría vivir la vida a plenitud. Esta verdad estaba en las últimas palabras que Jesús le dijo a ella: "Vete y no peques más".

Fue este *trozo de verdad* que le costaría la vida a Jesús unos pocos días después. Este *trozo de verdad* fue la única razón por la cual Jesús pudo perdonarla por sus pecados y dejarla ir, porque él mismo iba hacia la cruz a pagar con Su propia vida el precio de los pecados de ella. Fue ese *trozo de verdad* lo que le permitió a ella *de verdad* quedar libre y vivir la vida que Dios había creado para ella.

La Biblia no nos dice qué hizo aquella mujer después de que Jesús la liberó. Pero, según lo que me sucedió cuando enfrenté la posibilidad real de la muerte por *mis* pecados, y el compromiso resultante que tuve de *nunca* volver a mis viejos caminos, puedo imaginar que ella tampoco volvió a sus viejos caminos.

Dios nos ha mostrado toda Su maravillosa gracia, y quiere que extendamos esa gracia a otros. También nos ha mostrado Su maravilloso amor, y quiere que también extendamos ese amor a otros. La gracia dice: "Yo tampoco te condeno".

El amor añade: "Vete y no peques más".

Mi esperanza es que todos sigamos buscando *cada* trozo de verdad que Dios tiene en mente para que lo encontremos en este tema y en muchos otros, sin nunca perder de vista la *plenitud* de lo que Él tiene para decir.

Como dice la Biblia: "En cambio, hablaremos la verdad con amor y así creceremos en todo sentido hasta parecernos más y más a Cristo" (Efesios 4:15, NTV).

P.D. No dejes de leer la conclusión y el epílogo, ¡que vienen después de las guías de estudio de las siguientes páginas! ¡Algunos de los primeros lectores de este libro dijeron que estos últimos dos capítulos son sus favoritos en todo el libro!

Eric Elder

Guías de estudio para los capítulos 11 y 12

GUÍA DE ESTUDIO PARA EL CAPÍTULO 11: "LA IMPORTANCIA DE LOS CINTURONES DE SEGURIDAD"

RESUMEN DEL CAPÍTULO

Algunos cristianos quieren respaldar y afirmar a sus amigos gays al estimularlos a seguir al máximo sus atracciones hacia el mismo sexo. Pero para las personas que *no* quieren seguir esas atracciones hacia el mismo sexo, ese tipo de "apoyo" puede ser aplastante. El autor sugiere que:

* aunque todos queremos que nuestros amigos nos amen y respalden, no queremos que nos animen a hacer cosas que van contra nuestras propias convicciones,
* y aunque todos queremos *ser* amorosos y de apoyo, debemos comprender que las palabras de respaldo que damos a los demás pueden no *sonar* como apoyo para quienes las escuchan.

El mensaje de esperanza de una persona puede sonar como un mensaje de esclavitud para otra. Todo esto indica por qué necesitamos ser cuidadosos con lo que hablamos y orar en cuanto a este tema, teniendo en cuenta la persona con quien hablamos.

Si bien, ya no existen muchas de las restricciones que en otro momento sirvieron de obstáculo para que las personas no siguieran el camino de la homosexualidad, las restricciones de la palabra de Dios han seguido intactas. La palabra de Dios actúa como un "cinturón de seguridad" para nosotros, y sigue siendo la mejor protección para evitar que nos hagamos daño a nosotros mismos y a los demás.

El autor dice que el cambiante paisaje en cuanto a este tema:

* ha sido útil de muchas maneras para quienes experimentan atracciones hacia el mismo sexo, puesto que pueden tener mayor libertad para explorar formas válidas de satisfacer sus necesidades legítimas, sin el temor de ser catalogados como gays,
* pero ninguna de estas nuevas libertades ha cambiado el hecho de que los hombres y las mujeres *son* diferentes, razón por la cual las

personas todavía prefieren casarse con una persona de un sexo en lugar del otro.

Incluso con todas estas nuevas libertades, el autor dice por qué está completamente convencido de que la Palabra de Dios sigue siendo la mejor manera de restricción en cuanto a este asunto: para nuestro bien, por honrar a Dios, y por el bien de todos los involucrados.

PREGUNTAS DE REFLEXIÓN Y DISCUSIÓN

Lee 1 Corintios 2:4-5. ¿Cómo puede nuestro testimonio hablar a las personas del poder de Dios tanto como las otras palabras que podemos procurar usar para convencerlos de lo que creemos? ¿Cómo puede el testimonio del autor hablar del poder de Dios tanto como las otras palabras que puede tratar de usar?

Lee Juan 9:25. ¿Qué hace tan poderoso el sencillo testimonio del hombre ciego a quien Jesús sanó?

Lee Romanos 1:26-27. ¿Por qué la Biblia describe los actos homosexuales como "contra naturaleza"? ¿Qué afirmación hace esto en cuanto a los "hechos de vida" según lo que nos presenta la naturaleza?

Lee Génesis 4:21, 2 Samuel 6:14, y Éxodo 31:1-5. Aunque algunas actividades pueden hacer parecer a las personas como más o menos gays, ¿qué dice la Biblia respecto a la variedad de dones que Dios le ha dado a su pueblo? ¿Cómo este tipo de pasajes pueden dar libertad adicional a quienes experimentan atracciones hacia el mismo sexo para que satisfagan sus necesidades legítimas?

¿Qué dijo el autor respecto a por qué se sintió tan mal cuando una amiga le ofreció su apoyo, sin importar el género de la persona con quien se casará en el futuro? ¿Cómo nuestras palabras de apoyo, así las expresemos con amor, a veces pueden ser interpretadas de la manera incorrecta?

¿Qué palabras crees que el autor habría *deseado* que su amiga le hubiera dicho, al darle su apoyo como persona, pero sin respaldar algo que Dios le ha advertido que no haga?

¿Cómo podemos ofrecer nuestro amor sincero, con cuidado y compasión a quienes experimentan atracciones hacia el mismo sexo, sin comprometer nuestras más profundas convicciones?

¿De qué formas has visto cambios en las políticas públicas en cuanto a este tema a lo largo de tu vida? ¿Y en los años recientes?

¿Cómo crees que este cambio en la opinión y las políticas públicas afectará a quienes experimentan atracciones hacia el mismo sexo al tratar de decidir por sí mismos el camino que van a seguir? ¿Crees que este cambio facilita o dificulta esas decisiones?

Si el género en verdad no importa con respecto al tema del matrimonio ¿Por qué algunos prefieren casarse con otra persona de determinado sexo en lugar del otro? ¿Puedes ver cómo se pueden satisfacer diferentes necesidades con personas de géneros diferentes, pero no siempre se pueden satisfacer las mismas necesidades con personas de ambos géneros?

GUÍA DE ESTUDIO PARA EL CAPÍTULO 12: "LA IMPORTANCIA DE LAS LÁGRIMAS"

RESUMEN DEL CAPÍTULO

El nuevo panorama con respecto a la homosexualidad requiere una respuesta genuina de la iglesia. El autor espera que este libro sea parte de esa respuesta. En este capítulo, el autor usa el ejemplo de ser invitado a una boda gay para abordar diferentes formas de expresar nuestro amor en otras situaciones. Este ejemplo es útil porque:

- una invitación a una boda gay es tan clara como una "pregunta", que suele requerir la respuesta específica de una persona,
- una invitación a una boda homosexual a menudo traerá a la superficie todo lo que esa persona cree, o piensa que cree respecto a la homosexualidad,
- y una respuesta a la invitación a una boda homosexual involucra a personas y relaciones reales, no teorías abstractas.

Aunque puede haber muchas discusiones en cuanto a asistir o no a una boda gay, incluso entre devotos cristianos que creen en la Biblia y tienen la convicción de que el matrimonio gay no es correcto, bueno o saludable para los que se van a casar, puede ser útil tener una discusión considerada sobre este tema. Algunas de estas respuestas varían según las relaciones y convicciones de las personas que invitan y los invitados, tales como:

- si la asistencia o no asistencia viola la conciencia de una persona,
- si la asistencia o no asistencia equivale a aprobación,
- y si la asistencia o no asistencia impactaría de manera significativa la relación entre los que hacen la invitación y los invitados.

Algunas consideraciones adicionales a tener en cuenta incluyen:

- cómo Dios ha estado a nuestro lado incluso cuando hemos hecho cosas que Él no ha querido que hagamos,
- cómo el acompañar a alguien en celebración es muy diferente a acompañarlo conteniendo las lágrimas,
- y tanto el amor con mano firme como la genuina gentileza pueden conducir al mismo resultado, dependiendo de la situación.

Aunque este capítulo se concentra en el matrimonio gay como ejemplo, ilustra el dilema real que los cristianos enfrentarán en sus vidas con sus seres queridos. El autor confía en que Dios puede guiarnos a tener el enfoque más amoroso si le damos a esa situación algo de tiempo, oración y meditación.

PREGUNTAS DE REFLEXIÓN Y DISCUSIÓN

Lee 1 Corintios 13:2 y 16:14. ¿Cuál debería ser siempre nuestra guía en respuesta a cualquier problema cultural o de otra índole?

Lee Eclesiastés 3:1, 7 y Santiago 1:9. ¿Qué dicen estos pasajes en cuanto al problema de cuándo hablar y cuándo callar? ¿Alguna vez te han pedido que expreses lo que crees en cuanto al tema de la homosexualidad? De ser así, ¿cómo crees que fue tu respuesta? ¿Qué quisieras haber hecho mejor?

Lee Romanos 1:32 y Hebreos 13:5b. ¿Cómo cada uno de estos pasajes pueden guiar a alguien a saber si asistir o no a una boda gay? ¿La asistencia a una boda equivale necesariamente a la aprobación de la misma? ¿Cómo tu respuesta a la pregunta anterior afecta tu decisión de asistir o no?

Lee Juan 8:1-11, Juan 3:17, y Romanos 5:8. ¿De qué manera pudo dejar libre Jesús a la mujer que había cometido adulterio? ¿Qué iba a hacer en su lugar para que su libertad fuera posible? Aunque no podemos morir por los pecados de alguien como lo hizo Jesús, para liberar a esa persona, ¿cómo podemos *vivir* por esa persona para que sea libre? ¿Qué hizo Cristo por nosotros mientras seguíamos pecando?

Lee Romanos 2:4. ¿A qué puede conducir la benignidad de Dios? ¿Qué actos de bondad podemos extender a otros y que puedan conducir a lo mismo?

¿Alguna vez te han invitado a una boda de *cualquier* clase en la que no necesariamente aprobabas la unión, pero de todas formas fuiste? ¿Qué factores influyeron en tu decisión de ir o no ir? ¿Cómo pueden esos factores ser útiles con respecto a la decisión de asistir o no a una boda gay?

¿Alguna vez has recibido una invitación a una boda gay? De ser así, ¿cuál fue tu respuesta, y por qué? Y ya sea que te hayan invitado o no a una boda gay, ¿por qué es tan importante tomar tiempo para orar y meditar en tu respuesta?

Conclusión:

Por qué todos necesitamos un arco iris

———— ❖ ————

Donde comparto por qué el arco iris es un símbolo apropiado, no solo para el movimiento homosexual, sino para todos nosotros, porque todos estamos juntos en esto.

———— ❖ ————

A veces, como cristianos, pensamos que tenemos ventaja al estar con Dios. Creemos que estamos en su grupo "interno" y todos los demás están "afuera". Perdemos de vista el hecho de que todos somos preciosos ante los ojos de Dios, que todos hemos sido creados a su imagen.

Esto lo comprendí de una manera conmovedora cuando fui a Israel por primera vez en el año 1995. Me hospedé con una familia musulmana en el lado Oeste, era una casa donde las balas, en el pasado, habían perforado los muros exteriores y los vidrios de las ventanas de la habitación donde yo dormía.

Ahí estaba yo, un cristiano apasionado visitando Israel por primera vez, menos de 10 días después de haber renunciado a mi trabajo secular para entrar a servir de tiempo completo en el ministerio. Era un peregrinaje de fe, a solas con Dios, iba a vivir por una semana con una familia de quienes sólo *había escuchado* un poco la mañana cuando partí de casa para ir al aeropuerto.

Ese mismo día, un amigo mío había organizado mi hospedaje con un amigo suyo que era musulmán y que administraba la tienda de alimentos de nuestro pequeño pueblo, él me ofreció un lugar de hospedaje con sus familiares mientras yo visitaba el país.

Esta familia musulmana fue muy amable conmigo, me trataron como a la realeza, aunque el mismo día que llegué mencionaron de paso que si alguna vez veían al evangelista estadounidense Billy Graham, lo asesinarían de inmediato. (Decidí que ese no era el momento para mencionar que el señor Graham era uno de mis héroes vivientes de la fe, y que mi esposa y yo habíamos usado su apellido como segundo nombre para uno de nuestros hijos. ¡De verdad hay tiempo para hablar y tiempo para callar!)

Aunque esta familia fue muy hospitalaria, más amable que ninguna familia que haya conocido, todavía tenía esa sensación en mi interior de que por ser cristiano estaba con Dios "dentro" de un círculo especial, y que por alguna razón ellos estaban "afuera" de ese círculo.

Teológicamente sí entiendo que Cristo *sí* abre una puerta para que nos acerquemos a Dios limpios y perdonados, lo cual *sí* nos da increíbles bendiciones y beneficios, ¡incluyendo vida eterna! Pero en términos de ser *preciosos* a los ojos de Dios, todos estamos en el mismo nivel del campo de juego.

Una noche, después de haber estado visitando algunos de los lugares sagrados de esa Tierra Santa, llegué a la casa de esta familia y comprendí esto: De hecho, yo era un gentil (como la Biblia se refiere a todos los que no son judíos), así como mis anfitriones musulmanes eran gentiles. Yo no era alguien "de adentro" con Dios, así como tampoco ellos lo eran.

Según cualquier judío ortodoxo, yo era más como esa familia musulmana y no como la mayoría de los primeros judíos seguidores de Jesús. Ese día, Dios puso en mi corazón que la única diferencia entre mis anfitriones musulmanes y yo era que yo había puesto mi fe en Cristo y que ellos no, lo cual sí hace toda la diferencia, tanto en este mundo como en el venidero. Sin embargo, por mi nacimiento natural yo era tan gentil como mis anfitriones.

De repente sentí con ellos una unidad que nunca antes había sentido. Comprendí que había estado en el mismo bote en el que ellos estaban. Fue sólo por la disposición que Cristo tuvo para abrir las puertas del reino de Dios para *todos* que yo, como gentil, había tenido la oportunidad de entrar a ese reino.

LAS PERSONAS SON PERSONAS

Esto lo comparto contigo mientras consideras cómo amar mejor a Dios y a los gays. En realidad, no es cuestión de "nosotros contra ellos", sino de "todos estamos juntos en esto".

En muchas formas me siento tan lejos de ser gay como cualquiera que nunca ha experimentado atracciones hacia el mismo sexo. Es como que ahora soy "esto" mientras ellos siguen siendo "aquello". Pero la verdad es que *todos* somos "aquello", todos necesitamos la misericordia y la gracia de Dios porque hemos pecado de una u otra manera.

Y todos también volvemos a Dios de la misma manera: por medio del amor y el perdón que nos ofrece por Jesucristo.

Romanos 1 tiene unas fuertes palabras de advertencia para quienes, entre otras cosas, han estado en la homosexualidad. Pero Romanos 2 tiene unas fuertes palabras de advertencia para todos los demás:

"Tal vez crees que puedes condenar a tales individuos, pero tu maldad es igual que la de ellos, ¡y no tienes ninguna excusa! Cuando dices que son perversos y merecen ser castigados, te condenas a ti mismo porque tú, que juzgas a otros, también practicas las mismas cosas... Y tú, que juzgas a otros por hacer esas cosas, ¿cómo crees que podrás evitar el juicio de Dios cuando haces lo mismo? ¿No te das cuenta de lo bondadoso, tolerante y paciente que es Dios contigo? ¿Acaso eso no significa nada para ti? ¿No ves que la bondad de Dios es para guiarte a que te arrepientas y abandones tu pecado? (Romanos 2:1, 3-4).

A lo largo de este libro he tratado de comunicar que las personas que luchan con atracciones hacia el mismo sexo no son muy diferentes a cualquier otra persona que lucha con otra clase de tentación.

Todos nos sentimos atraídos a *algo* que no es bueno ni saludable para nosotros. *Todos* nos sentimos atraídos a *algo* contra lo que Dios trata de advertirnos con el "No" más fuerte y claro posible. *Todos* necesitamos el amor de Dios, su compasión, y su gracia, y Él nos da todo esto gratuitamente por medio de Jesucristo.

Un día, la autora de la popular serie de libros que mencioné antes, quien dijo que siempre vio a uno de los principales héroes de sus libros como alguien gay, respondió en Twitter a un mensaje proveniente de una de sus seguidoras, quien dijo que "no lograba verlo".

Había leído de principio a fin todos los libros de la serie y en ninguna parte había identificado que ese importante personaje fuera homosexual.

La autora respondió: "¿Será porque las personas que son gays se ven como... personas?"

¡Vaya! ¡Qué respuesta! ¡Qué revelación! Es algo muy cierto, en muchos niveles.

Las personas *son* personas. *Todos* tenemos cosas con las que luchamos, y *todos* tenemos cosas de las que necesitamos ser salvos. Ninguno de nosotros tiene un registro moral perfecto. Es verdad que "todos estamos juntos en esto".

ANTEOJOS DE COLOR ROSA

Todos, como Noé y su familia después del diluvio, necesitamos un arco iris en el cielo, una promesa de Dios de que no nos volverá a destruir con un diluvio.

Cuando comencé a leer la Biblia siendo ya adulto, me intrigó qué tan rápido, en el capítulo 6 del primer libro, Génesis, nosotros como humanidad ya nos habíamos desviado tanto de las esperanzas y sueños que Dios tenía para nosotros, que Él estuvo listo y dispuesto a destruir todo lo que había creado.

Sin embargo, Dios encontró a una persona que hacía lo correcto ante sus ojos, y por sólo una persona, Dios estuvo dispuesto a darnos otra oportunidad.

Dios salvó a Noé y su familia de la destrucción total, luego prometió que nunca volvería a destruir la tierra con una inundación. Ya conoces la historia: Dios puso un arco iris en las nubes como señal de esa promesa.

Lo que *no* comprendí hasta cuando leí esa historia siendo ya adulto, fue para *quien* era la señal. Siempre pensé que el arco iris era una señal para *nosotros*, Sus hijos e hijas en la tierra, para *recordarnos* que Él nunca volvería a destruir la tierra. Pero al mirar el pasaje más de cerca, vi que el arco iris en realidad era una señal para *Él*, un recordatorio para *Él* de la promesa que había hecho.

Dios dijo: "Cuando envíe nubes sobre la tierra, el arco iris aparecerá en las nubes y yo me acordaré de mi pacto con ustedes y con todas las criaturas vivientes. Nunca más las aguas de un diluvio volverán a destruir a todos los seres vivos" (Génesis 9:14-15).

Esto cambió mi manera de pensar en cuanto al arco iris. En lugar de ser una señal para mí, era una señal para Él. Me impactó que el arco iris, para Dios, es como un par de anteojos de color rosa, (anteojos de la talla de Dios), a través de los cuales Él puede ver la tierra de una nueva manera.

Una vez tuve unos anteojos como esos. Aunque había tenido gafas de sol de otros colores: grises, azules o de color marrón, ninguna de ellas parecía mejorar lo que veía a mí alrededor tanto como las de color rosa.

Siempre que me las ponía, todo se veía un poco más brillante, un poco mejor. Era como si tuviera una perspectiva completamente nueva ante la vida, ante todo lo que veía.

Después de leer este pasaje sobre el arco iris desde la perspectiva de *Dios*, pude imaginarlo mirándome, y en lugar de ver mi *fealdad*, las cosas que yo había hecho y estropeaban mi propia imagen, Él me veía con otra óptica.

Podía imaginar que, para Dios, Él me veía un poco más brillante, un poco mejor.

Cuando Dios nos mira a través de su arco iris, es como si estuviera viéndonos de la manera como nos creó *en un principio*, como esperaba que fuéramos desde el comienzo.

Luego pensé en las personas del movimiento gay que eligieron el arco iris como su símbolo, y que adhieren pegatinas de arco iris a sus autos, y que uzan banderas de arco iris en sus casas. Y no pude evitar pensar que quizás, ante los ojos de Dios, esto le ayuda a Él a ver las cosas bajo otra luz, una luz que vuelve a recordarle Sus promesas.

ÉL ESTÁ CONMIGO

¿Y no es eso lo que Jesús hizo por nosotros? Cuando Jesús vino a la tierra y murió por nuestros pecados, pasó a ser nuestro nuevo arco iris, nuestro nuevo pacto.

Ahora, cuando Dios me mira, ve a Jesús, no porque yo sea como Jesús (aunque quisiera serlo), sino porque Jesús se pone de pie delante de mí y dice: "Él está conmigo".

Cuando Jesús tomó mi lugar en la cruz, un lugar que yo merecía por mis muchos pecados, Dios me cubrió con el perdón que Cristo compró con Su vida.

Cuando Dios me mira, ve a Jesús. Ve un Eric mejorado, un Eric glorificado, un Eric santificado, Eric 2.0, porque me ve a través de sus gafas color Jesús.

Como la mujer sorprendida en adulterio, yo también fui sorprendido en mis pecados. Y como la mujer sorprendida en adulterio, Jesús dijo que yo también podía ser libre, por lo que Él hizo en la cruz para pagar por mis pecados, permitiéndome vivir la vida que Dios había creado para que yo viviera desde un comienzo. Y al comenzar a vivir esa nueva vida, Jesús me dijo, así como le dijo a la mujer sorprendida en adulterio: "Vete y no peques más".

Todos necesitamos un arco iris. Todos necesitamos a Alguien que pueda salvarnos de nuestros pecados. Todos estamos juntos en el mismo bote.

No sé tú, pero en mi caso estoy muy agradecido por que Dios haya puesto ese arco iris en el cielo. No puedo pensar en una mejor señal o en una bandera más apropiada para ondear en mi vida, no como símbolo de mi orgullo, sino como un recordatorio de las promesas que Dios ha hecho.

Incluso, a veces me he preguntado si es posible que Dios mismo haya inspirado a los del movimiento gay a que eligieran el arco iris como su símbolo, como la señal que pueden exhibir en sus casas, sus desfiles y sus vidas.

¿Podría ser que Dios mismo haya inspirado a alguien en la Casa Blanca para encenderla con todos los colores del arco iris el día que nuestra Corte Suprema legalizó el matrimonio gay en todo el país?

¿Podría ser que Dios mismo haya inspirado a las personas a ondear la bandera del arco iris en nuestras embajadas de todo el mundo?

No sé la respuesta. Pero estaría agradecido si fuera Dios el que inspiró cada una de esas cosas.

Ahora, siempre que veo un arco iris, recuerdo el increíble amor de Dios hacia mí. Me recuerda Su maravillosa gracia. Me hace acordar que todos estamos juntos en esto.

Por sobre todo, me hace recordar que todos necesitamos un arco iris de vez en cuando.

Es gracias a Jesús, quien envió su Espíritu Santo a morar dentro de todo el que pone su fe en Él, que tenemos ese arco iris, a donde quiera que vayamos.

Guía de estudio para la conclusión

GUÍA DE ESTUDIO PARA LA CONCLUSIÓN: "POR QUÉ TODOS NECESITAMOS UN ARCO IRIS"

RESUMEN DEL CAPÍTULO

A veces es fácil pensar en términos de "nosotros" y "ellos" respecto a *cualquier* tema en la vida, y mucho más en cuanto a este tema. Pero la verdad es que todos estamos juntos en esto. La verdad es:

* ninguno de nosotros tiene un registro moral perfecto,
* todos necesitamos la misericordia y la gracia de Dios,
* y todos también volvemos a Dios de la misma manera: por medio de la fe, el amor y el perdón que nos ofrece por Jesucristo.

Así como el arco iris fue una señal en el día de Noé, hoy sigue siendo una señal para nosotros de la promesa que Dios hizo de nunca volver a destruir el mundo con un diluvio. El arco iris:

* es una señal *para nosotros* de la promesa de Dios, así que podemos descansar tranquilos en esa promesa,
* es una *señal para Dios* de Su promesa, para que Él la recuerde,
* y quizás sirve como unas gafas color rosa del tamaño de Dios, así, cuando nos mira, nos ve como nos creó en el comienzo, sin pecado, así como ve a quienes han puesto su fe en Cristo: justificados ante sus ojos.

Aunque sin duda Dios mismo es la inspiración detrás de todos los arcos iris en el cielo, el autor se pregunta si quizás Dios también sea la inspiración detrás de todos los otros arcos iris que vemos en el mundo, sin importar quienes los exhiban o por qué lo hagan, así todos nos vemos un poco más brillantes ante los ojos de Dios.

Si ese es el caso, entonces todos podríamos usar un arco iris en nuestras vidas, ¡todos los días! Y gracias a Jesús tenemos uno.

Preguntas de Reflexión y Discusión

Lee Romanos 2:1-4. ¿Por qué el Apóstol Pablo dice que nosotros que juzgamos a otros por ciertos pecados hacemos lo mismo? ¿Qué es lo que él quiere decir en Romanos 2:1-4?

Lee Génesis 6:9-14, 7:21-24 y 9:1-17 ¿Qué estaba sucediendo en los días de Noé que hizo que Dios deseara destruir a todo el mundo? ¿Por qué Dios decidió salvar a Noé y su familia?

¿Alguna vez has considerado este asunto en términos de "nosotros" y "ellos"? ¿Qué opinas sobre la siguiente afirmación?: "Todos estamos juntos en esto". ¿Por qué el autor dice que todos estamos juntos en esto, así alguien nunca haya experimentado atracciones hacia el mismo sexo, o haya tomado acciones en ese sentido?

¿Qué opinas sobre la siguiente afirmación?: "Será porque las personas que son gays se ven como... personas".

¿Qué diferencia haría si, en lugar de confrontar a las personas involucradas en la homosexualidad, camináramos a su lado, para ayudarlos a salir de esa condición?

¿Por qué Dios necesitó establecer un recordatorio en el cielo para nunca volver a destruir la tierra con un diluvio? ¿Para quién lo puso? ¿Cómo crees que el arco iris nos ayuda a Dios y a nosotros cada vez que aparece en el cielo?

¿Cómo puede Jesús servir de "arco iris" en las vidas de los que ponen su fe en Él?

Aunque Dios es claramente la inspiración detrás de cada arco iris que aparece en el cielo, ¿es posible que Él también sea la inspiración detrás de cada arco iris que vemos a nuestro alrededor todos los días? De ser así, ¿qué propósito puede tener Él al hacerlo? ¿Cómo puede esta manera de pensar cambiar tu manera de ver los arcos iris cada vez que veas uno a partir de ahora?

Epílogo:
10 pasos hacia una mejor comprensión

———— ❖ ————

Donde comparto algunas ideas prácticas para guiar tus discusiones sobre este tema con quienes están experimentando atracciones hacia el mismo sexo.

———— ❖ ————

Ya que has leído este libro, quizás te estés preguntado; "¿Y ahora qué?"

He escrito esta guía para darte unas ideas en cuanto a cómo abordar este tema con quienes están experimentando atracciones hacia el mismo sexo. Así es como yo abordo este tema con las personas que amo.

Oro por que esta guía te ayude a multiplicar todo lo que Dios ha podido hacer por medio de mí para hacerlo también por medio de ti. Juntos, espero podemos tener un impacto positivo en la mayor cantidad posible de personas, incluyendo a los que más amas.

PASO 1) CONOCE LO QUE CREES Y POR QUÉ LO CREES

Antes de conversar sobre este tema, es útil identificar lo que ya has llegado a creer al respecto y por qué has llegado a esas convicciones. Aunque lo que crees puede cambiar con el tiempo con un poco más de exploración, oración y conversaciones, este es un buen punto de partida para tener una conversación.

Esto es lo que yo creo en cuanto a este tema y por qué lo creo. Ten la libertad de usar esta lista como trampolín para crear tu propia lista.

La pregunta es esta: "¿Qué es lo que en realidad crees en cuanto a la homosexualidad y por qué?"

- Creo que los actos homosexuales son pecado. ¿Por qué? Porque Dios nos ha advertido en la Biblia que no los hagamos, y lo ha hecho de manera fuerte y clara. (Romanos 1:8-32; Levítico 18:22, 20:13; 1 Corintios 6:9-20)
- Creo que las tentaciones homosexuales no son pecado. ¿Por qué? Porque Dios dice que todos enfrentamos tentaciones, así como Jesús las enfrentó, pero esas tentaciones no nos definen. (1 Corintios 10:13; Hebreos 4:14-16)
- Creo que cualquier persona puede ser redimida y liberada para nunca más volver a seguir sus tentaciones homosexuales. ¿Por qué? Porque Dios está en el negocio de transformar vidas, incluso en este tema, (1 Corintios 6:11-12; 2 Corintios 5:17; además de mi propio testimonio y el de muchos otros)
- Creo que los que de verdad desean casarse algún día con alguien del sexo opuesto, pueden hacerlo y tener maravillosos resultados. ¿Por qué? Porque cuando nos deleitamos en el Señor, Él nos concede los deseos de nuestro corazón. (Salmos 37:4-6, Juan 10:7-10; además de mi propio testimonio y el de muchos otros)
- Creo que el matrimonio ideal para Dios es un esposo y una esposa comprometidos de por vida. ¿Por qué? Porque Dios nos creó intencionalmente de una forma que satisface de manera simultánea nuestro deseo de intimidad y Su deseo de un mundo lleno de personas, ¡porque Él ama a las personas! (Génesis 1:26-28; Génesis 2:18-25; Marcos 10:2-9; Juan 3:14-18)
- Creo que las relaciones homosexuales no son ni la primera, ni la segunda mejor opción para nadie, sino que a largo plazo son destructivas y perjudiciales para los involucrados, para otras personas, y para los propósitos de Dios al habernos dado el regalo de la sexualidad. ¿Por qué? Porque si haces algo que Dios dice que no debes hacer, no te va a ir bien. (Romanos 1:24-32; Romanos 3:23, 6:23; Deuteronomio 28:1-2, 15)
- Creo que Dios nos ama incondicionalmente, nos llama a vivir nuestras vidas a plenitud, y nos capacita para hacerlo. ¿Por qué? Por la forma como Jesús nos perdonó, nos llamó a vivir nuestras

vidas a plenitud, y nos capacitó para hacerlo. (Juan 8:1-11; 1 Corintios 6:9-11; Romanos 8:9-11)

- Creo que Dios nos llama a amarnos incondicionalmente unos a otros, a tratarnos como quisiéramos que nos trataran. ¿Por qué? Porque así fue como Jesús nos amó y nos invitó a hacer lo mismo. (Mateo 7:12; Mateo 22:34-40; Romanos 5:6-8)

PASO 2) CONOCE LO QUE CREEN TUS SERES QUERIDOS Y POR QUÉ LO CREEN

- Pídeles a tus seres queridos que te relaten su historia, siendo lo más honestos posibles, y escuchándolos de verdad, con el deseo de entender, no solo responder. (Santiago 1:19-20; Proverbios 10:19, 18:2, 18:13)
- Escucha su corazón, no sólo sus palabras, de modo que puedas entender con mayor claridad lo que dicen (y dentro de lo posible no ofenderte con cualquiera de sus palabras). (Proverbios 20:5)
- Presta atención a las necesidades legítimas que están tratando de satisfacer. (Filipenses 4:19)
- Escucha cómo están tratando de satisfacer esas necesidades legítimas, ya sea de manera ilegítima o no. (Proverbios 3:5-6)

PASO 3) COMPARTE LO QUE CREES Y POR QUÉ LO CREES

- Comparte, con amor, las verdades que has llegado a creer. (Efesios 4:15)
- Comparte, con amor, los versículos que respaldan lo que crees, confiando que esos versículos cobrarán vida para los que los escuchan. (Hebreos 4:12)
- Comparte, con amor, la historia de Corintios en la Biblia, mi historia, y las historias de otros que han encarnado lo que crees. Para comenzar: comparte este libro, o comparte toda mi historia, *Fifty Shades of Grace,* escrito bajo mi seudónimo Nicholas Deere; o la historia de Dennis Jernigan *Sing Over Me;* o la de Jeff

Konrad, *You Don't Have to be Gay;* o la de Christopher Yuan, *Out of a Far Country.* (1 Corintios 6:9-11; Juan 20:30-31; Juan 21:25)

PASO 4) IDENTIFICA LOS PUNTOS DE ACUERDO Y DE DESACUERDO

- Identifica los puntos en común respecto a lo que cada uno piensa, en especial en cuanto a necesidades válidas, reconociendo que estar de acuerdo es algo poderoso. (Mateo 18:19)
- Identifica los puntos de desacuerdo en lo que cada uno piensa, en especial con respecto a las maneras de satisfacer esas necesidades legítimas, pero que pueden parecer inválidas para cada uno de ustedes, reconociendo que incluso las personas maduras a veces tienen puntos de vista diferentes. (Filipenses 3:15-16; Gálatas 2:11)
- Identifica los posibles daños que pueden venir de satisfacer necesidades válidas de maneras que cada uno de ustedes considera inválidas; incluyendo daños a las personas involucradas, daños a otros, y daños a los propósitos para los que Dios nos ha dado el regalo de la sexualidad. (1 Corintios 6:18-20; Romanos 1:27; Génesis 3:1-3)

PASO 5) EXPLORA IDEAS PARA SATISFACER NECESIDADES LEGÍTIMAS DE MANERAS LEGÍTIMAS.

- Explora ideas para satisfacer necesidades legítimas que no sean sexuales ni románticas. (1 Samuel 18:1-4; Ruth 1:16-18; Proverbios 18:24; Hechos 9:27, 11:25-26; 1 Timoteo 1:2)
- Explora cómo las personas pueden usar sus dones y talentos para honrar a Dios, y no comprometer su integridad. (Efesios 2:10; Éxodo 31:1-11; 1 Samuel 16:14-23; Génesis 4:21)

PASO 6) OREN EL UNO POR EL OTRO, PIDIENDO SABIDURÍA Y SANIDAD DE DIOS

- Oren el uno por el otro, por que Dios revele su sabiduría en este tema y de la manera más completa posible. (Santiago 1:5-8)

- Oren el uno por el otro, pidiendo sanidad sobre cualquier herida que hayan recibido en cuanto a este tema. (Santiago 5:13-15)
- Pidan y reciban perdón el uno del otro por cualquier herida que puedan haberse causado, ya sea de manera intencional o no. (Santiago 5:16; Efesios 4:32; Colosenses 3:12-14)

PASO 7) ESTABLEZCAN LÍMITES SALUDABLES ENTRE SÍ, PARA HONOR Y RESPETO MUTUO

- Conversen sobre cómo pueden honrar y respetar las profundas convicciones que cada uno tiene. (Romanos 12:10)
- Hablen sobre límites o restricciones que pueden ser de mucha ayuda para honrar y respetar las convicciones de cada uno. (1 Corintios 10:23-31)

PASO 8) DEJEN LA PUERTA ABIERTA PARA OTRAS CONVERSACIONES, ¡PERO NO SE MOLESTEN!

- Deja la puerta abierta para otras conversaciones, entendiendo que con el tiempo logramos perspectiva gracias a la oración y también obtenemos respuestas. (Romanos 8:22-28; 12:18)
- Consideren sus conversaciones en cuanto a este tema como santas y preciosas, porque lo son, no son triviales ni superficiales. (Proverbios 21:19; Colosenses 3:21; Proverbios 25:11; 27:15-16)
- Cuando no estén de acuerdo, háganlo con civismo. (Proverbios 15:1-7; Lucas 12:58; Romanos 15:1-7; 2 Timoteo 2:14)

PASO 9) ¡DISFRUTEN LAS PARTES DE SU RELACIÓN QUE PUEDEN DISFRUTAR!

- Disfruten el regalo que Dios le ha dado a cada uno, sin importar sus profundas convicciones en cuanto a este tema en particular. (Juan 13:34-35)
- Dejen que cada uno ejerza su libre albedrío, así como Dios nos permite ejercerlo, siempre honrando y respetándose el uno al otro. (Gálatas 5:13)

PASO 10) NO DEJEN QUE NADA LOS SEPARE DEL AMOR QUE TIENEN EL UNO POR EL OTRO, INCLUSO ESTE TEMA, ASÍ COMO NADA PUEDE SEPARARLOS DEL AMOR DE DIOS.

- Recuerden que nada puede separarlos del amor de Dios. (Romanos 8:34-39)
- Comprométete con no dejar que nada te separe de tus seres queridos, incluyendo este tema. (Ruth 1:16-18)

Acerca del autor

Descrito por *USA Today* como "una nueva clase de evangelista", Eric Elder es autor, orador y pianista contemporáneo. También es pastor ordenado y el creador de *The Ranch*, un sitio en internet diseñado para impulsar la fe:

WWW.THERANCH.ORG

Otros libros escritos por Eric Elder:

Two Weeks With God
What God Says About Sex
Exodus: Lessons In Freedom
Jesus: Lessons In Love
Acts: Lessons In Faith
Nehemiah: Lessons In Rebuilding
Ephesians: Lessons In Grace
Israel: Lessons From The Holy Land
Israel For Kids: Lessons From The Holy Land
The Top 20 Passages In The Bible
Romans: Lessons In Renewing Your Mind
St. Nicholas: The Believer
San Nicolás: El Creyente (Spanish Edition)
Making The Most Of The Darkness
15 Tips For A Stronger Marriage
Fifty Shades Of Grace (bajo el seudónimo de Nicholas Deere)
Water From My Well

Para más información, por favor visita:
WWW.INSPIRINGBOOKS.COM

Para contactar a Eric Elder:
¡A Eric siempre le gusta tener contacto con sus lectores!
Puedes escribirle en cualquier momento a: eric@theranch.org